Geboren als Frau
Glücklich als Mann

Niklaus Flütsch

Geboren als Frau Glücklich als Mann

Logbuch einer Metamorphose

Alle Rechte vorbehalten, einschließlich derjenigen des
auszugsweisen Abdrucks und der elektronischen Wiedergabe

© 2014 Wörterseh Verlag, Gockhausen

Lektorat: Brigitte Matern, Konstanz
Korrektorat: Eliane Maria Degonda und Andrea Leuthold,
beide in Zürich
Umschlaggestaltung: Thomas Jarzina, Holzkirchen
Foto Umschlag vorn: Gianni Pisano, Zürich
Fotos Umschlag hinten: Privatarchiv – Niklaus Flütsch
vor Beginn seiner Transition und als Kind
Layout, Satz und herstellerische Betreuung:
Rolf Schöner, Buchherstellung, Aarau
Druck und Bindung: CPI – Ebner & Spiegel, Ulm

Print ISBN 978-3-03763-051-8
E-Book ISBN 978-3-03763-564-3

www.woerterseh.ch

Für Christian, meinen Lebensgefährten und Ehemann

»Nicht die Sonne zieht ihre schiefe Jahresbahn um die Erde, sondern die Erde schwingt mit schief gestellter Achse um die Sonne.«

Nikolaus Kopernikus

Inhalt

Einleitende Worte 11

Prolog 15

Logbuch einer Metamorphose 21

Epilog 229

Anhang
  Zeittafel 238
  Weiterführende Informationen 240
  Glossar 247
  Dank 253

Einleitende Worte

Im Spielzeugladen fragt die Verkäuferin Opa Hoppenstedt alias Loriot:
Wie heißt denn das Kleine?
Hoppenstedt, wir heißen alle Hoppenstedt.
Und mit Vornamen?
Dicki, Dicki Hoppenstedt.
Es ist ein Mädchen?
Nee.
Also ein Junge.
Nee, nee, nee.
Wie ist es denn angezogen?
Hosen, blaue Hosen.
Vielleicht haben Sie es mal ohne Hosen gesehen.
Sagen Sie mal, was für ein Laden ist das denn hier eigentlich?
Ich hatte den Herrn nur gefragt, ob sein Enkelkind ein Junge oder ein Mädchen ist. Wenn Ihr Enkelkind ein Zipfelchen hat…
Zipfelchen?
Mein Gott, dann hat es eben kein Zipfelchen!
Mein Enkelkind hat alles, was es braucht.

Zipfelchen oder kein Zipfelchen, Junge oder Mädchen, Mann oder Frau – kaum etwas erachten wir als so eindeutig und weniges scheint so verlässlich wie die Koordinaten, die das Geschlecht bestimmen: die sichtbaren Geschlechtsmerkmale, die Chromosomen.

Was aber, wenn eine Person mit einem männlichen Körper sagt, sie sei eine Frau? Wenn eine Person mit einem weiblichen Körper denkt und fühlt wie ein Mann? Wenn Menschen sagen, ihre Seele stecke im »falschen Körper«*? – Unterschiedliche sexuelle Orientierungen sind weitgehend enttabuisiert. Bisexuelle, Homosexuelle, Transvestiten* haben ihren Platz in der Gesellschaft gefunden. Sie sind grundsätzlich versöhnt mit ihrem biologischen Geschlecht und nehmen sich innerlich überwiegend so wahr, wie sie von außen gelesen werden.

Die erlebte Identität von Transfrauen* und Transmännern aber deckt sich nicht mit ihrer Erscheinung. Sie anerkennen zwar ihren Körper und leugnen seine Ausprägung nicht, doch sie fühlen sich klar dem anderen Geschlecht zugehörig. Damit steht die Welt zweifach auf dem Kopf: für den Transmenschen, der sich im biologischen Geschlecht fremd fühlt, in dem er zur Welt gekommen ist, sozialisiert wurde und von außen wahrgenommen wird; und für seine Umgebung, wenn diese erfährt, dass das Innere eines Menschen nicht mit dem übereinstimmt, wie er äußerlich erfasst wird.

Das Phänomen irritiert; umschrieben mit »Störung der Geschlechtsidentität«, wird Transidentität* oder Transsexualität als Krankheit taxiert und geht mit der Diagnose »Persönlichkeitsstörung« einher. Dabei ist erwiesen, dass bei Transmenschen genau wie bei allen übrigen Menschen das gesamte Spektrum von vollkommener Gesundheit bis zu schwerster Krankheit vorkommt. Mit welcher Persönlichkeitsstärke oftmals gerade Transmenschen Schwierigkeiten durchstehen, ist beeindruckend.

Persönlichkeitsstärke zeigt sich auch im hier gezeichneten Lebensweg. Niklaus Flütsch kommt als Bettina zur Welt. Im Alter von vier

---

* Erklärungen zu Begriffen, die mit einem Stern gekennzeichnet sind, finden Sie im Glossar ab Seite 247.

Jahren ist dem Kind klar, dass es sich nicht als Mädchen fühlt. Zwischen seiner Innenwahrnehmung und der von seiner Umgebung zurückgespiegelten Außenwahrnehmung klafft ein Graben. Die folgenden vierzig Jahre verharrt Bettina in der Hülle einer Frau. Attraktiv, gepflegt, sportlich, schön. Unzählig sind die Momente von Verunsicherung und Einsamkeit, das Gefühl von Verwirrung, Ausgrenzung, Unstimmigkeit, von Scham, Angst, Wut und Verzweiflung. Ebenso unzählig sind die Momente von Stärke, Mut, Optimismus, Durchhaltewillen.

Bettina studiert Medizin, schließt wie in der Schule auch hier mit Bestnoten ab, spezialisiert sich auf den weiblichen Körper, wird Gynäkologin. Mit zwanzig Jahren hat sie ihr erstes Coming-out als Lesbe – in der Vorstellung, alle homosexuellen Frauen fühlten sich als Männer. Ihr zweites Coming-out folgt über fünfundzwanzig Jahre später. Bettina, damals sechsundvierzig Jahre alt, entscheidet sich zur Transition*, zur Geschlechtsanpassung: Schritt für Schritt wird aus Bettina Niklaus, und heute lässt nichts vermuten, dass dieser Mann jemals im Körper einer Frau war.

»Wir alle können von Transmenschen profitieren«, schreibt Udo Rauchfleisch, Professor für klinische Psychologie in Basel, in seinem Buch »Anne wird Tom, Klaus wird Lara: Transidentität/Transsexualität verstehen«, »lehren sie uns doch, dass die Welt bunter und vielfarbiger ist, als wir gemeinhin annehmen.« Was ist typisch männlich, was typisch weiblich? Wie unterscheidet sich eine männliche Frau von einem femininen Mann? Wo liegt die Grenze? Wer zieht sie? Und warum?

In den Gesprächen mit Niklaus Flütsch, mit seinen Eltern, seinem Ehemann, mit einer ehemaligen Geliebten, mit Lebensbegleitern, Freundinnen, Patientinnen und Kolleginnen aus dem Zuger Kantonsspital und nach Lektüre des Tagebuchs, das er während seiner Metamorphose führte und das die Basis für dieses Buch bildet, verschwammen die Trennlinien und Einteilungen zunehmend. Ebenso fehlen Trennlinien und Einteilungen in diesem Buch. Vielmehr sind es Fragmente, die hier zu einem Panoptikum zusammenfinden, niedergeschrieben in einer Zeit des intensiven Wandels. Es sind spontane Tagebuch-Eintragungen, die spätabends nach einem ereignisreichen Tag, frühmorgens vor Einsätzen im Operationssaal oder unterwegs zu einem nächsten Termin entstanden. Sie zeugen vom emotionalen Befinden des jeweiligen Moments. Es ist eine Auswahl zentraler Mosaiksteine, die – einmal zusammengesetzt – einen Lebensweg zeichnen, der von Brüchen geprägt ist. Gedanken springen vor und zurück, Innenperspektiven wechseln sich mit Außenperspektiven ab, nach einer Chronologie suchen Lesende ebenso vergebens wie nach sofortiger Klarheit darüber, wer in welchem Absatz spricht. Diese Form widerspiegelt, wie sich Niklaus Flütschs Leben während langer Phasen angefühlt haben muss: unklar und immer wieder irritierend – nach innen wie nach außen.

Wer das verwirrend findet, mag von Udo Rauchfleisch beruhigt werden. Der Fachmann plädiert regelmäßig dafür, gegenüber allen Möglichkeiten des Lebens offen zu sein und von vermeintlich klaren Kategorien Abstand zu nehmen: Sie grenzten unnötig ein, und genau das stifte Verwirrung.

Niklaus Flütsch ist dafür ein gutes Beispiel, auch wenn nichts an seinem heutigen Äußeren darauf schließen lässt, dass es jemals anders war. Er ist einen weiten Weg gegangen und endlich dort angekommen, wo er immer schon zu Hause war.

Ursula Eichenberger, Juni 2014

Prolog

Auf den kleinen Schwarz-Weiß-Fotos sieht man stolze Eltern mit einem Baby auf dem Arm posieren; seine Haare sind schwarz und auffallend lang, abstehend wie ein kleiner Irokesenkamm. Das bin ich, geboren am 9. August 1964 in der alten Pflegerinnenschule in Zürich. Mein Vater studierte damals an der ETH Zürich Ingenieurwissenschaften, meine Mutter schmiss den Haushalt. Mein drei Jahre älterer Bruder war eher scheu und hatte in der Schule anfänglich etwas Mühe. Ich war ein Wildfang und übertraf ihn meist bei Mutproben. Meine drei Jahre jüngere Schwester war mir sehr ähnlich. Wir zwei hatten wohl deshalb so oft Zoff, doch wir konnten dann auch wieder friedlich zusammen spielen. Es war eine Art Hassliebe, und erfreulicherweise hat sich mit dem Älterwerden der Hass gelegt. Kurz nach dem Studienabschluss meines Vaters zogen wir nach Chur, wo ich die Primarschule besuchte. In meiner Freizeit spielte ich oft und gern draußen mit den Nachbarsbuben und vor allem mit meinen beiden Cousins, die im Prättigau auf einem landwirtschaftlichen Hof aufwuchsen. Früh schon wusste ich, dass ich eines Tages in den sauren Apfel würde beißen müssen: dann, wenn die gefürchtete Pubertät begann. Sie kam, und meine Unbeschwertheit ging. Ich geriet in eine schwere Krise. Die erste Rettung von meinem seelischen Leiden fand ich in der Pfadfinderbewegung. Dort durfte ich wild und kühn sein, die Geschlechterrollen wurden gesprengt, und ich konnte mich frei bewegen.

Mein Körper aber wurde immer mehr zur Frau. Damit kam ich nicht klar. Ich zog mich zurück und wurde immer verschlossener.

Meine Eltern versuchten vieles, um mir zu helfen. Ich wurde von einem lieben, alten Psychologen mit langem weißem Bart betreut und erhielt vom Hausarzt Antidepressiva. Mit sechzehn fand ich heraus, dass Hungern weibliche Rundungen zum Verschwinden bringen kann: Ich wurde magersüchtig. Schließlich entschied man, dass ich zu meinen Eltern Distanz brauche; ich kam in eine Internatsschule. Das öffnete mir die Tür zu neuen Erfahrungen. Erste zaghafte Bettgeschichten, Alkohol, Marihuana – es war die Zeit des Ausprobierens, wir suchten unsere Grenzen. Da ich in der Schule sehr gut war, führte das zu keinen größeren Problemen. Kurz vor der Matura entdeckte meine Mutter, dass ich sexuelle Beziehungen zu Frauen hatte. Wieder musste ich in Behandlung. Der Psychiater riet mir, vernünftig zu sein, sonst würde ich später keinen Mann zum Heiraten finden. Das Klima zu Hause war in der Folge sehr kühl, und man sprach kaum über das Thema. Schließlich schloss ich als Zweitbeste der Klasse die Schule mit den Maturitätsprüfungen ab.

Während mein Bruder in die Fußstapfen unseres Vaters trat und an der ETH Bauingenieur studierte, nahm ich 1984 das Medizinstudium an der Universität Zürich auf. Es war für mich eine befreiende Zeit, in einer großen Stadt zu leben und weit weg von meinen Eltern zu sein. In der Lesbenszene fand ich neue Kontakte und glaubte, mit meiner Neigung am richtigen Ort zu sein.

Im Verlauf des Studiums erfuhr ich, dass es transidente Menschen gibt, dass diese aber psychisch krank seien und an einer schweren Persönlichkeitsstörung litten. Das erschreckte mich, denn psychisch krank fühlte ich mich nicht. Ich litt einfach daran, dass mein inneres Geschlechtsempfinden nicht mit meinem äußeren Erscheinungsbild übereinstimmte und dass ich davon niemandem erzählen durfte. Schließlich nahm ich dann doch allen Mut zusammen und suchte eine befreundete Psychiaterin auf. Ich erzählte ihr von meinen Gefühlen, fand aber schnell heraus, dass ich hier in eine Pathologie hineinmanövriert wurde, von der ich nichts wissen wollte. Nach kurzer Zeit brach ich die Behandlung ab.

Als Studentin lebte ich mehrere lesbische Beziehungen. Mit meinen kurzen Haaren und in den Männerkleidern, die ich gern trug, wurde ich auf der Straße oft als Junge angeschaut und meist einige Jahre jünger geschätzt. Als Studentin war ich frei, mich zu kleiden, wie ich wollte, und musste niemandem Rechenschaft ablegen, wo und mit wem ich mich herumtrieb. Ich hatte Kontakte zu meinen Mitstudenten, blieb aber meist für mich allein. Immer wieder kämpfte ich mit Depressionen, haderte mit dem Leben. Um mich zu schützen, stürzte ich mich ins Lernen. Die Materie gefiel mir. 1991 beendete ich die Studienzeit erfolgreich.

Es folgte die erste Facharztausbildung in Allgemeinmedizin; daneben bildete ich mich in Homöopathie weiter. 1995 zog ich nach Bern, wo ich während fünf Jahren in einer Praxis für Allgemeinmedizin arbeitete. Damals ging eine langjährige Beziehung auseinander, und ich versuchte, das Erlebte zusammen mit einem Psychologen zu verarbeiten. Auch hier wurde meine Transidentität zum Thema, doch sie wurde nicht genügend ernst genommen. In dieser Zeit kam die Dragking*-Bewegung auf. In Bern, Zürich und Berlin besuchte ich Partys und glaubte anfänglich, Orte gefunden zu haben, wo ich die geheime Seite meines Ichs ausleben könne: Frauen verkleideten sich als Männer und schminkten sich einen Bartschatten. Rasch aber merkte ich, dass es hier lediglich um den Spaß am Spiel mit dem Rollentausch ging.

Kurz vor der Jahrtausendwende lernte ich eine faszinierende Frau kennen. Sie war engagiert, sportlich, konnte Bergsteigen, war Tauchlehrerin, hatte den Hochseesegelschein und war in Weiterbildung zur Anästhesistin. Wir hatten eine gute Zeit zusammen; ich profitierte von ihren Fähigkeiten, wir trieben Sport, und ich glaubte, so einen Weg gefunden zu haben, mich mit meinem Körper zu versöhnen. Erstmals hatte ich eine Partnerin an meiner Seite, die mich körperlich wirklich herausforderte. Es war meine weiblichste Zeit. Ich beschloss, mich auch beruflich neu zu orientieren und meine zweite Facharztausbildung in Gynäkologie und Geburtshilfe zu machen. Der Frauenbonus, den ich in diesem Beruf hatte, bekräftigte mich in meinem weiblichen Status.

Nach drei Jahren ging auch diese Beziehung in die Brüche. Ich zog nach Zug, beendete meine Facharztausbildung, hatte Glück und innert Rekordzeit meinen Operationskatalog beisammen. Nach dem Minimum von vier Jahren Ausbildungszeit absolvierte ich im Frühling 2005 erfolgreich die Facharztprüfung. Anschließend wollte ich zu meiner neuen Partnerin nach Deutschland ziehen, überlegte mir, dort eine Oberarztstelle zu suchen, und entschloss mich dann nach langem Ringen, doch in der Schweiz zu bleiben. Wiederum kam der Wunsch auf, meinen Körper zu verändern. Ich reiste in die USA, radelte während mehrerer Wochen allein der Westküste entlang, bepackt mit Zelt und Schlafsack, und genoss die Natur. Zurück in der Schweiz, machte ich diverse Stellvertretungen in gynäkologischen Praxen und Spitälern, bis mich eine Kollegin anfragte, ob ich Lust hätte, mich in ihre gynäkologische Praxis in Zug einzukaufen. Alles passte zusammen. Wir verstanden uns gut, waren uns auch in finanziellen Fragen einig, die Doppelpraxis füllte sich rasch mit neuen Patientinnen. Ich verdiente so viel wie noch nie, hatte große Freiheit und konnte als Belegärztin meine Patientinnen in der Frauenklinik des Kantonsspitals Zug selbst operieren und betreuen. Erneut verliebte ich mich in eine Frau. Wir schmiedeten Zukunftspläne. Diese optimalen Lebensumstände erwiesen sich als Boden, auf dem meine verborgene Seite wieder Nahrung fand.

Im Sommer 2009 kam meine alte Freundin und Psychiaterin nochmals auf mich zu und entschuldigte sich, damals auf meinen Hinweis, dass ich mich als Mann erlebe, abweisend reagiert zu haben. Kurz zuvor hatte sie erfahren, dass Transidentität keine Persönlichkeitsstörung, sondern vielmehr angeboren sei, dass das mentale Geschlecht möglicherweise bereits in der Gebärmutter geprägt werde und man so zur Welt komme. Dies gab mir endlich das Gefühl, doch nicht verrückt zu sein. Ich begann zu recherchieren und stieß immer häufiger auf transidente Menschen, die den Mut hatten, ihr Leben zu ändern. Es begann in mir zu gären. Eines Abends erzählte ich alles meiner damaligen Partnerin. Ich war auf die schlimmste Reaktion gefasst, aber sie hatte Verständnis. Lange Gespräche folgten. Das Tor war geöffnet, und nun kam die ganze Geschichte wie eine Flutwelle auf mich zu. Ich war verzweifelt, merkte aber gleichzeitig, wenn ich das Tor wieder schlösse, würde ich mein tiefstes wahres Ich erneut verbergen; das wollte ich nicht. Ich bekam massive Schlafstörungen, machte mir große Sorgen und tausend Gedanken: Was geschieht, wenn ich mich oute? Was, wenn ich eine Geschlechtsanpassung durchführe? Wie reagiert meine Mutter? Was geschieht mit meiner Praxis? Was mit meinen Patientinnen? – Katastrophe.

Nach nächtelangem Ringen meldete ich mich bei der psychiatrischen Poliklinik in Zürich für einen Gesprächstermin an.

Der Großteil der folgenden Texte stammt aus der Zeit der Transition, meiner körperlichen Wandlung in einen Mann, zwischen 2009 und 2013. Es sind Auszüge aus meinem Tagebuch, das ich während dieser intensiven und für mich im Endeffekt befreienden Zeit geführt habe.

Niklaus Flütsch, Juni 2014

Logbuch einer Metamorphose

Meine Beine baumeln vom Coiffeurstuhl, die Hände liegen auf einer karierten Wachsschürze, es riecht nach Shampoo und Haarspray. Ich bin aufgeregt und voller Vorfreude. Endlich ist es mir gelungen, Mama zu überreden, mir die Haare schneiden zu lassen. Keine Frisuren mehr, keinen Rossschwanz, keine Zöpfe, Haarspangen, keine Bändchen mehr und dergleichen. Kurz, ganz kurz soll das Haar werden, eigentlich am liebsten ein Bürstenschnitt. Doch die Friseuse will mir partout keinen Stufenschnitt schneiden. »So schöne glatte schwarze Haare, das wäre doch jammerschade!« Mir bleibt nichts anderes übrig, als mich auf einen Kompromiss einzulassen; ich glaube aber noch immer, dass mein Plan aufgeht.

Ich bin vier Jahre alt, und ich weiß genau: Buben und Mädchen unterscheiden zwei Dinge – die Länge der Haare und ein Zipfeli zu haben oder eben nicht. Während meine kürzeren Haare geföhnt werden, frage ich meine Mutter, ob es jetzt endlich so weit sei und ich nun auch ein Zipfeli kriege. Mein Plan ist nicht, über einen Penis zu einem Buben zu werden. Ein Bube bin ich schon. Als das fühle ich mich, seit ich denken kann. Doch ich bin eben ein Bube mit langen Haaren und ohne Penis. Ich will aber ein Kind sein mit Penis. Der ist bei mir leider vergessen gegangen. In meiner Vorstellung bin ich einfach mit den falschen Geschlechtsorganen zur Welt gekommen. Aber das lässt sich beheben.

Im Lärm des Föhns versteht Mama meine Frage nicht. Schließlich schaltet die Coiffeuse das Gerät aus, was meinem Nachhaken noch mehr Gewicht verleiht. »Mama, kriege ich nun auch ein Zipfeli?« Stille. Das erschrockene Gesicht meiner Mama werde ich nie vergessen. Nach einer Pause lacht sie verlegen. »Nein, nein, mein Liebes, wo denkst du denn auch hin?!« Meine Welt bricht zusammen.

- - - *1968*

Neuland. Es ist ein Sprung ins Wasser, ohne zu wissen, ob ich überhaupt schwimmen kann. Doch ich sehe mich selbst als Mann. Ganz klar. Diese Vorstellung weckt Vorfreude. Ich werde mich wohlfühlen in meinem veränderten Körper.

Aber wie wird das Umfeld reagieren? Wird man mich als Mann wahrnehmen und akzeptieren? Werde ich überhaupt so männlich aussehen, dass die Leute mich als Mann erkennen? Was mache ich, wenn ich keinen Bart bekomme? Was mache ich, wenn ich keinen Bart bekomme und dafür eine Glatze? Wenn die Stimme hoch bleibt und ich aussehe wie ein schlechter Transvestit? Renne ich nicht einfach einer Idealfigur nach?

Ich versuche, ein Problem aus der Welt zu schaffen, und kreiere zwanzig neue.

Zweifel über Zweifel. Ich habe riesige Angst, einen nicht wiedergutzumachenden Fehler zu begehen. Ich habe Angst, dass ich dem, was auf mich zukommt, nicht gewachsen bin; Angst dass mich der Mut verlassen könnte und ich in mein altes Leben zurückkehren werde.

- - - *März 2010*

Ein lauer Sommerabend, die Luft schwirrt, Mücken tanzen in den letzten Sonnenstrahlen, Grillen zirpen, das Gras ist frisch gemäht. Ich stehe mit meinem Lieblingscousin, seinem Bruder und meinem Onkel auf dem Feld. Mein Onkel ist Bauer und sein Hof für mich ein Paradies. Stoppeln und Halme zwicken mich heftig in die nackten Fußsohlen, doch ein Indianer kennt keinen Schmerz. Ich fühle mich rundum aufgehoben in dieser Männergruppe, habe meine kurzen dunkelgrünen Lieblingshosen an, spüre die Sonne auf meiner nackten Brust. Ich bin eins mit meinem Leben.

Da beschließt mein Onkel, in den Bach zu pinkeln. Gleich darauf machen es ihm meine beiden Cousins nach. Das kann ich auch! Ich knöpfe meine Hose auf und will sie gerade ausziehen, als mein Onkel interveniert und mich mahnt, ich dürfe das nicht tun: »Bettina, du bist doch ein Mädchen!«

- - - *1972*

Mein neues Gesicht. Es ist kantiger, wirkt friedlich, freundlich und frisch. Ich sehe mich plötzlich so, wie ich bin. Ja, das bin ich, das ist meine Seele, die sichtbar wird! Ich betrachte mich im Spiegel, schaue alte Fotos an, nehme Abschied von der Bettina. Das neue Gesicht gefällt mir. Ich habe das Gefühl, mein Charakter komme endlich zur Darstellung. Auf diesem Gesicht zeichnet sich mein Inneres ab. Mein Inneres, das so lange in der falschen Hülle gesteckt hatte. Gleichzeitig verschwindet auch die Frau aus dem Gesicht. Das Weibliche, an das ich mich gewöhnt habe, verblasst.

Das Testosteron wirkt. Und wie! Der ganze Körper verändert sich; die Schultern werden breiter, die Arme kräftiger, auf dem Bauch beginnen Haare zu sprießen, und die weiblichen Fettpolster an den Hüften werden kleiner. Ich schaue an mir herunter und habe endlich das Gefühl, ich selber zu werden. Letztmals fühlte ich mich vor meiner weiblichen Pubertät so heimisch in meinem Körper. Mit zwölf, dreizehn aber wurde alles neblig um mich herum, unwirklich, der Realität entrückt. Je länger, je weniger gelang es mir, meinen Körper und die Welt um mich herum zu spüren.

- - - *Mai 2010*

Die Transidentität ist ein ganz schambehafteter Teil in mir. Er ist tief in mir vergraben, macht sich aber immer wieder bemerkbar und nimmt mit der Zeit etwas Monströses an. Da bedroht mich etwas, das ich im Zaum halten und verbergen muss.

Ich bin eine Missgeburt.

Das zumindest will uns die Wissenschaft bis zu einem gewissen Grad weismachen: Transmenschen sind etwas Abnormales. Ich studiere Medizin und muss zur Kenntnis nehmen, dass die Wissenschaft Transmenschen als psychisch krank stigmatisiert – konkret als Menschen mit einer Persönlichkeitsstörung zwischen Borderline*-Typ und Psychose. Ich wandle durch die Gänge der medizinischen Bibliothek, verschlinge alles über Transidentität, was mir in die Finger kommt, sammle Stück für Stück Informationen zusammen, lese psychiatrische Abhandlungen, bin wie elektrisiert, mache mich über die Geschlechtsanpassung schlau, betrachte Bilder geschlechtsangleichender Operationen und sehe all diese hilflosen Versuche eines Penisaufbaus.

Das alles ist komplett neu für mich. Es ist interessant und zugleich auch sehr abstoßend. Während ich zu Beginn noch ganz aufgeregt bin über die Möglichkeit, eine Geschlechtsanpassung machen zu können, bin ich über die dokumentierten Ergebnisse bitter enttäuscht. Schnell wird mir klar: Viel lieber in einem intakten und gesunden Frauenkörper leben als mir solche Verstümmelungen zufügen.

- - - *1986*

Ich war das Küken im Team, als Bettina auf unsere Station kam. Wir teilten uns ein Büro. Bereits am ersten Abend war klar: Diese Frau hat Power, sie zögert nicht. Sie weiß genau, wo es langgeht. Mit allen Fragen konnten wir jungen Assistentinnen zu Bettina gehen. Sie hatte Erfahrung, eine klare Haltung und war rundum hilfsbereit.

- - -

Ich bete dafür, eine richtig schöne sonore Männerstimme zu bekommen: Bitte, lass mich einen richtigen Stimmbruch haben! Meine Patientinnen merken im Moment noch nicht viel. Die Stimme ist etwas heiser – »tut mir leid, nichts Gravierendes, ich habe gerade eine Erkältung hinter mir« –, und wenn ich mich konzentriere, kann ich sie bei Bedarf noch gut in der Höhe halten. Doch in einigen Wochen werde ich nicht mehr als Doktor Bettina Flütsch in der Frauenklinik auftauchen, Visite machen, untersuchen und operieren. Nein, auf meinem Namensschild wird dann »Dr. Niklaus Flütsch« stehen.

- - - *Juni 2010*

Mama schafft es nur einmal, mir ein Kleid anzuziehen. Zuvor hat sie mich unzählige Male gebeten, doch nur einmal eines zu tragen. Ihr zuliebe. An diesem Tag kommt sie mit einem grün karierten Faltenrock in mein Zimmer. Ich schließe innerlich die Augen, beiße die Zähne zusammen. Der Rock hört knapp über meinen immer etwas zerschlagenen, kräftigen Knien auf. Dazu trage ich blaue, handgestrickte Socken. Der Rock ist völlig unpassend, wie eine Faust aufs Auge. Aber ich will Mama nicht schon wieder enttäuschen – schließlich ist sie meine Mutter, sie schenkt mir ja auch immer etwas zum Geburtstag und zu Weihnachten, und sie hat mich sehr lieb. Also kann ich ihr ja auch etwas zurückschenken.

So trabe ich in diesem Aufzug zur Schule. Doch ich fühle mich unendlich unwohl; es ist sonnenklar, dass ich einfach in den falschen Kleidern stecke. Einen halben Tag lang beherrsche ich mich und halte durch, Mama zuliebe. In der Mittagspause spurte ich heim und erkläre, in meinem Leben nie wieder einen Rock oder ein Kleid zu tragen. Nie mehr! Nie wieder!

- - - *1973*

Das Festgelände sehe ich noch vor mir. Bettina war drei, vier Jahre alt, rannte zwischen den Bänken hin und her. Irgendwann kam sie mit Tränen in den Augen und einem Jungen im Schlepptau zu meiner Frau und mir. Da erklärte uns der Bube: »Er hat den Kopf angeschlagen.« – Schlagartig hörte Bettina auf zu weinen. Als Junge durchzugehen, war für sie das Größte.

- - -

Als ich mich von meiner letzten langjährigen Partnerin trennte, war ich überzeugt, später als Niklaus eine heterosexuelle Beziehung zu Frauen zu führen. Nun aber, nachdem klar geworden ist, dass ich als Mann auf Männer stehe, kommt die nächste große Hürde. Es fällt mir viel schwerer, meiner Mutter zu sagen, ich sei in einen Mann verliebt, als sie über meine Transidentität zu informieren. Wie erklärt sie es sich, dass ich als Bettina Frauen liebte und jetzt als Niklaus Männer? Vermutlich denkt sie: Meine Tochter, mein Sohn lässt wirklich nichts aus!

- - - April 2012

Natürlich fiel uns auf, dass manches etwas anders war als bei anderen Mädchen. Aber diese Eigenarten gehörten einfach zu unserer Bettina. Sie sagte immer, sie wolle einmal ein Doktor werden. Sie kämpfte für kurze Haare, hasste Mädchenkleider, bestand darauf, mit dem fellbezogenen Tornister ihres Großvaters in die Schule zu gehen. Meine Frau und ich nahmen das alles nicht so ernst, das gibt es ja ab und zu bei Kindern.
Sorge machte uns dann ihre Magersucht. Sie hatte ihre Fröhlichkeit verloren, war bedrückt. Weil wir nicht weiterwussten, suchten wir Rat bei einem Psychologen; doch das brachte nicht viel. Wir warteten ab und hofften, es werde wieder besser. Und wir nahmen Rücksicht, versuchten, Bettina zu schonen und sie nicht zu bedrängen.

- - -

In den Ausführungen eines Kinderpsychiaters lese ich, ein derart auffälliges Verhalten, das auf eine Transidentität hindeute, sollte man so früh wie möglich abklären. Wut steigt in mir auf. Warum schwiegen meine Eltern, als ich klein war, warum stellten sie keine Fragen, warum schauten sie weg und kehrten alles unter den Teppich? Aber es waren ja alle so. Es war eine andere Zeit damals. Hätten sie mich 1974 zu einem Psychiater geschleppt, wäre ich als verhaltensgestört abgestempelt worden.

- - - *März 2010*

Eine Tochter zu verlieren – ja, das beschäftigte mich, wie es wohl jede Mutter beschäftigen würde. Ich fragte mich manchmal, wie ich den Leuten erklären sollte, nicht mehr zwei Töchter und einen Sohn zu haben, sondern plötzlich zwei Söhne und eine Tochter. Es gab Bekannte, die auf der Straße einfach an meiner Tochter vorbeigingen, weil sie Nik nicht erkannten. Für ihn war es das größte Kompliment.

- - -

Bin wirklich ich gemeint? Freundinnen habe ich noch keine, als ich erstmals zu einem Kindergeburtstag eingeladen werde. Ich glaube, mich verhört zu haben. Dann aber bin ich ungemein stolz, zur Party gehen zu dürfen. Am Ende des Nachmittags kehre ich allerdings ziemlich frustriert wieder heim. Nein, diese Mädchenklüngel, diese dämlichen Spiele, dieses Gekicher und Getue – das ist nichts für mich.

Aber es ist Sommer, meine Lieblingsjahreszeit. Am Wochenende und in den Ferien krieche ich frühmorgens aus dem Bett, schlüpfe in die kurzen Hosen und laufe ohne Hemd und barfuß in den Garten. Besonders schön finde ich, wenn das Gras vom Morgentau noch nass ist und die Tröpfchen sich in runden Blättern zu glitzernd kleinen Seen sammeln. Ich habe einen geheimen Lieblingsort: die dichte Krone der großen Föhre im Garten. Ganz hinaufzuklettern bis zum obersten Ast, ist das Allerschönste. Für mich ein Kinderspiel. Oft sitze ich lange dort oben, niemand ahnt, wo ich bin. Ich genieße den freien Blick über die Wipfel in den Himmel, über die Dächer, das Quartier. Niemand stört mich, ich bin für mich allein und kann meinen Gedanken freien Lauf lassen.

Manchmal kommen aber schlimme Gedanken. Sie machen mir Angst. Ich weiß, dass mir einmal Brüste wachsen werden. Dann werde ich nicht mehr oben ohne rumlaufen können. Immer wieder gelingt es mir, diese Horrorbilder zu verdrängen.

Eines Tages ist es so weit. Unter den Brustwarzen spüre ich Schwellungen. Mein unbekümmertes Leben findet ein jähes Ende.

- - - *1974*

Schön und tröstlich sind die Treffen am Transmänner-Stammtisch. Dort tausche ich mich intensiv mit einem Kollegen aus, 52-jährig, verheiratet, zwei Kinder, seit einiger Zeit in Hormonbehandlung. Seine Erzählungen beeindrucken mich sehr. Wir sprechen lange, und er erzählt mir von den Sorgen mit seinen Kindern. Das macht mich sehr betroffen; ich selbst kämpfe manchmal auch mit meinen Verwandten, aber sie sind alle erwachsen, und im schlimmsten Fall kann ich die Kontakte einfach auf Eis legen. Mit eigenen Kindern geht das nicht. Mein Kollege hat sich noch nicht operieren lassen – wegen der Kinder. Er lässt sich erst seit kurzem die Barthaare wachsen und berichtet, dass seine fünfzehnjährige Tochter ihre Freundinnen nicht mehr mit nach Hause nehme, weil sie sich schäme, dass aus ihrer Mutter ein Mann werde.

Da ist es wieder, dieses Bild, das mich so oft einholt: das Bild der Monster.

Ich glaube, da müssen wir noch viel Aufklärung leisten. Wir müssen der Gesellschaft zeigen, dass wir ganz normale Menschen sind – halt einfach eine Laune der Natur.

- - - *April 2010*

Das ist sicherlich keine vorübergehende Marotte und sicherlich keine Entscheidung, die man in einer Minute fällt. – Das waren die ersten Gedanken, die mir durch den Kopf gingen, als ich Bettinas Brief las. Ihre Offenbarung an uns Freundinnen und Freunde, sich als Mann zu fühlen und sich zur Transition entschlossen zu haben, beschäftigte mich. Was geht in einem Menschen vor, bis er den Mut zu diesem Schritt aufbringt? Wie groß muss der Leidensdruck sein? Wie schafft man es, mit so vielem Alten zu brechen? Wie schafft man es, nicht mit allem Alten zu brechen?

- - -

Unter Fluchen und Stöhnen schleppe ich mich in den Handarbeitsunterricht. Woche für Woche muss ich diese verdammte Pflichtstunde für Mädchen über mich ergehen lassen, während die Buben frei haben. Es ist der absolute Gräuel: Stricken, Häkeln, Nähen, Flicken sind für mich der Inbegriff der weiblichen Rolle. Ich winde mich, schmolle, bin wütend, zapple, mache Dummheiten und bin absolut unausstehlich. Regelmäßig lande ich vor der Tür. Ich bringe die arme Lehrerin zur Weißglut und nahe an einen Nervenzusammenbruch. Niemand aus der Lehrerschaft kann verstehen, warum sie solche Probleme mit mir hat. Ich gelte als brav, anständig, lernfreudig, bringe immer gute Noten heim.

Eines Tages wird es ihr zu viel. Die Lehrerin taucht mit Tränen in den Augen bei uns zu Hause auf. Mama, die nicht ahnt, was mit mir los ist, hört ruhig zu, nimmt mich in Schutz, versucht, die Lehrerin zu besänftigen. Meine Mutter fragt, warum ich mich derart querstelle. Ich versuche, ihr zu erklären, dass es eine unglaubliche Tortur sei, in diese Stunden zu gehen, werde aber ermahnt, mich wie ein richtiges Mädchen zu benehmen. »Bettina, reiß dich zusammen, veranstalte kein solches Theater!«

- - - *1979*

Ein Gedanke setzt sich in mir fest. Nachdem ich bei einer Mitschülerin entdecke, dass Hungern den Körper von seinen Rundungen befreit, ist mein Plan geboren: Ich höre auf zu essen und werde mich meiner Weiblichkeit entziehen. Die Oberschenkel werden immer schmaler, die Periode setzt aus.

Der Plan wird zum fatalen Versuch, mich der unaufhaltsamen körperlichen Entwicklung entgegenzustemmen. Ich gerate in einen lebensgefährlichen Sog.

- - - *1980*

Wir sind die Erfinder unserer eigenen Vergangenheit. Daran arbeiten wir ein Leben lang. Es ist interessant, wie unser Hirn die eigene Biografie immer wieder ins rechte Licht rückt. Ich kann im Nachhinein meine Vergangenheit zurechtbiegen und zum Schluss kommen: Klar, es lag schon immer auf der Hand, dass ich keine Frau war und mich von Beginn weg wie ein Bube und ein Mann fühlte.

Da ist mein Verstand, der ganz klar Entscheidungen trifft, Wahrnehmungen verarbeitet und seine Aufgaben bisher immer mehr oder minder korrekt erfüllte. Aber in meinem Bewusstsein gibt es auch die Ebene der Emotionen, des Fühlens und Ahnens. Und dort, genau dort, sitzt diese Gewissheit, im falschen Geschlecht geboren zu sein. Der Verstand sagt, du spinnst, das kann nicht sein, schau dich im Spiegel an und du weißt, wer du bist, und alle Menschen um dich herum sehen das auch. Aber drinnen, in meinem Bewusstsein, sitzt diese Gewissheit, die sich nicht ausmerzen lässt. All die Jahre ist sie da, mal offensichtlicher, mal verborgener. Es sitzt etwas in meinem Hirn, in meinem Bewusstsein, das älter und stärker ist als mein Verstand: meine Identität.

Mit absoluter Sicherheit kann ich nur sagen: Ich habe mich eines Tages dafür entschieden, die Transition anzugehen. Es war ein Bauchentscheid, ein inneres Wissen, das Richtige zu tun und meinen Weg zu gehen. Es gibt keine rationalen Gründe für meine Metamorphose. Es gab nur die richtige Entscheidung zum richtigen Zeitpunkt.

- - - Januar 2011

Theoretisch gibt es für mich drei Möglichkeiten:
1. Ich lasse alles so sein, wie es ist, und versuche weiter, meine Rolle im Frauenkörper so gut wie möglich zu spielen; es ist ja bis anhin auch gegangen, ohne dass ich mir das Leben genommen habe.
2. Ich lebe im Beruf meine Frauenrolle, aber im Privatleben kleide ich mich männlich und verhalte mich auch männlich, ohne dass ich hormonelle oder chirurgische Anpassungen vornehme.
3. Ich gehe den ganzen Weg, beginne mit der Hormontherapie, mache gewisse angleichende Operationen und versuche, mein Leben als Mann zu organisieren, sowohl beruflich wie auch privat.

Weitermachen wie bisher will ich nicht, und klar ist auch, dass die zweite Variante nicht infrage kommt. Faktisch lebe ich ja schon in diesem Zustand. Ich kann ihn einfach noch etwas ausbauen. Aber es würde immer nur Theater sein, ich würde als Möchtegern-Mann erscheinen und immer wieder als Frau entlarvt. Eine unerträgliche Kränkung.

Ich werde also den ganzen Weg gehen.

- - - *Januar 2010*

Ich hätte nie gedacht, dass aus meinem Kind einmal ein Mann wird. Ich nahm Bettina immer als meine Tochter wahr. Weihnachten 2009 kam sie zu uns nach Hause. Wir saßen auf der Veranda, rauchten. Da begann sie zu weinen. »Was ist los?«, fragte ich. – »Das kann ich fast nicht sagen«, entgegnete sie. »Ich bin transident.« – »Ich bin jetzt siebzig«, sagte ich, »mich erschüttert nichts mehr, mach du, was dich glücklich macht.« Sie erklärte, sie habe mit der Transition eigentlich warten wollen, bis ich gestorben sei. »Ich wollte dich schonen, Mama.« – »Da hättest du noch lange warten müssen«, lachte ich.

- - -

Der neue Herrenanzug, dunkles Anthrazit, fast schwarz, schlicht, elegant, super Schnitt: Er ist mein ganzer Stolz und sitzt wie angegossen. Wir kaufen Operntickets. »Schwanensee« – das schönste Ballett, das es gibt. Ich beschließe, den Anzug erstmals offiziell auszuführen. Mein Herz schlägt schneller, als ich durch die Straßen gehe. Selten bleiben Blicke an mir hängen. Ich versuche, sie zu lesen, analysiere immer noch, wieweit ich nun als Mann wahrgenommen werde. Es passt immer mehr.

Dann mache ich den Test. Im Restaurant frage ich an der Theke, wo das WC sei. Man weist mir spontan den Weg zum Herrenklo. Unglaublich, dass man sich über solch lapidare Dinge so unsäglich freuen kann.

- - - *Juni 2010*

Kein einziges Mal habe ich mich verplappert. Frau Doktor Flütsch gehörte vom ersten Moment der Vergangenheit an. Viel zu eindeutig stand jetzt ein Mann vor mir.

Er kam viel glücklicher rüber als früher, das Bedrückte war irgendwie weg. Für mich ist die Person wichtig, das Fachwissen, das Einfühlungsvermögen. Vertrauen habe ich in einen Menschen, egal, ob Mann oder Frau, und nicht in ein Geschlecht. Und er hat mein vollstes Vertrauen.

Als ich im Juli 2010 von einer Kontrolluntersuchung nach Hause kam, dachte ich: Irgendetwas stimmt mit Frau Doktor Flütsch nicht. Ich wusste nicht, was los war, aber sie wirkte traurig, und ich spürte, dass sie etwas belastete.

Einen Monat später lag ein Brief im Kasten:

Sehr geehrte, liebe Patientin,

es fällt mir nicht leicht, Ihnen zu schreiben. Ich werde nicht, wie ursprünglich vorgesehen, eine Urlaubspause einlegen, sondern im Herbst definitiv meine Tätigkeit in der Praxis aufgeben. Eine große Entscheidung hat mich dazu geführt, nun meinen Weg zu gehen. Seit vielen Jahren habe ich einen stillen inneren Kampf mit mir geführt. Ich hatte schon früh gespürt, dass ich dem Wesen einer Frau nicht entspreche. Dieses Gefühl wurde in den vergangenen Monaten so stark, dass ich mich entschlossen habe, mich meinem wahren Wesen als Mann anzupassen.
Es fällt mir schwer, mich von der Praxis verabschieden zu müssen. Ich hatte all die Jahre eine tolle Geschäftspartnerin, die mir in fachlichen wie auch in menschlichen Belangen immer zur Seite stand. Meiner Nachfolgerin wünsche ich einen guten Start in der Praxis. Ich

bin überzeugt, dass sie meine Sprechstunde mit großer Kompetenz und Gewissenhaftigkeit weiterführen wird.
Ihnen allen wünsche ich viel Gesundheit und Freude am Leben!

Mit lieben Grüßen

Dr. Niklaus (Bettina) Flütsch

- - -

Ich fühle mich geehrt, als meine Patientin mich fragt, ob ich sie auch durch die Geburt ihres Kindes begleite. Ich arbeitete noch als weibliche Gynäkologin, als sie mich das erste Mal für die Schwangerschaftskontrolle in der Praxis aufsuchte. Bei der ersten Ultraschalluntersuchung konnte ich ihr ein Bild mit einem 2,5 Millimeter kleinen weißlichen Fleck inmitten einer schwarzen Fruchthöhle überreichen.

Innerhalb von neun Monaten wächst dieser kleine Zellhaufen zu einem lebensfrischen Baby heran, und dann kommt der Tag, an dem die Wehen einsetzen. Ich habe eben meine neue Stelle als leitender Arzt in der Frauenklinik des Kantonsspitals angetreten, als ich zur Geburt gerufen werde. Vorsichtig klopfe ich an die Tür und betrete den Gebärsaal. Der süßliche Geruch nach Fruchtwasser, frischem Schweiß und Aroma-Öl strömt mir entgegen – ein Geruch, der mich schlagartig in meine bevorstehende Aufgabe katapultiert, nämlich der Gebärenden bei der letzten Phase der Geburt beizustehen.

Eine große Fähigkeit in der Geburtshilfe ist die Kunst des Unterlassens: der Geburt den natürlichen Verlauf zu lassen, dabei aber genau zu wissen, wann und ob man eingreifen muss. Zu beobachten, wie das Köpfchen des Kindes langsam nach unten geschoben wird, den Moment abzufangen, in dem die Gebärende aufgeben möchte, und sie in den letzten zwei Presswehen mental zu unterstützen. Mit leichtem Gegendruck am Damm wird das Köpfchen geboren, nach einer kurzen Pause folgen Schultern und der Rest des kleinen Körpers. Der erste Atemzug, das Greifen der kleinen Arme ins Leere, der erste Schrei des Kindes... Schon liegt es in warme Tücher gehüllt auf dem Bauch der jungen Mutter.

Vergessen sind die Strapazen der vergangenen Stunden, das Kind hebt leicht den Kopf und schaut die Anwesenden mit weit geöffneten

Augen neugierig an. Ich gratuliere den frischgebackenen jungen Eltern. Als sei es schon immer so gewesen, werde ich mit Herr Doktor Flütsch angesprochen.

- - - *Oktober 2010*

Wieder zurück zur alten Bettina? Nein, definitiv nicht! Wo andere auf alten Fotos Bettina sehen, sehe ich diesen Buben, der selten lächelt und nie erwachsen werden durfte. Oft mit traurigen Augen, zusammengekniffenen Lippen. Mir laufen die Tränen herunter, als ich in einem Fernsehbeitrag von der medizinischen Betreuung transidenter Kinder höre. Manche erhalten bereits vor der Pubertät Medikamente, damit ihre Entwicklung möglichst früh in die gewünschte Richtung verläuft. Wie gern wäre auch ich schon früher ein junger Bursche, ein Mann geworden. Doch es durfte nicht sein. Vielleicht ist es doch gut, dass ich so lange als Frau lebte. Nach diesen vielen Jahren habe ich die Gewissheit, das Richtige zu tun. Ich weiß in- und auswendig, wie es sich anfühlt, als aus dem Innersten heraus unerwünscht in einem Frauenkörper durchs Leben zu gehen.

Fragen bleiben dennoch. Wie mag es sein, im passenden Körper zu sitzen? Werde ich dieses Gefühl jemals haben? Oder werde ich dazwischen stecken bleiben? Mein altes Zuhause verlassen, im neuen nicht ankommen? Weder Fisch noch Vogel sein? Wird die Transidentität täglich spürbar bleiben, oder kann ich sie irgendwann ablegen? Werde ich da landen, wo ich hingehöre? Wird mein Körper jemals mit meiner Seele zusammenwachsen? Ich will nicht irritieren.

Mich einfach mal aus dem Leben ausklinken, in einen tiefen Winterschlaf fallen, als Bettina einschlafen und als Niklaus wieder aufwachen … Doch die körperlichen Veränderungen kommen nur langsam. Geduld, Geduld und nochmals Geduld ist gefragt. Das ist verdammt anstrengend. Mental bin ich schon viel weiter, aber der Körper braucht Zeit, sich zu verwandeln. Immerhin: Wenn ich nahe am Spiegel stehe, erkenne ich einen ersten Bartschatten. Aber ich muss schon sehr nahe am Spiegel stehen und sehr genau hinsehen.

- - - *August 2010*

Wie oft ich mir doch vorstellte, behaarte Unterarme zu haben. Aber ich behielt diesen Wunsch tunlichst für mich. Zu groß war die Angst, das Ganze würde als narzisstischer Versuch angesehen, mir im Sinne einer Androphilie* das sexuell begehrte Gegenüber einverleiben zu wollen. Dies ist ja auch eine viel zitierte Theorie, wie Transidentität überhaupt entsteht. Erst heute, da ich endlich auf der anderen Seite angekommen bin und wirklich behaarte Arme habe, wird mir klar, dass dies nichts mit Erotik zu tun hat.

- - - *April 2012*

Ich heiße Lausi. Die Pfadfinderbewegung ins meine Rettung. Hier kann ich mich so geben, wie ich bin, mich so bewegen, wie es mir entspricht. Kurze Hosen, Jeans, Wanderschuhe, barfuß, alte T-Shirts, ungekämmte Haare. Die Pfadi ist auch deshalb ganz wichtig, weil dort der Codex gelebt wird, niemanden auszuschließen; die Entwicklung des Gemeinschafts- und Teamgefühls ist für mich sehr heilsam.

Ein Teil meiner Bubenhaftigkeit kann ich ungeniert ausleben. Das Gefühl, bei den Mädchen an der falschen Stelle zu sein, bleibt aber. Immer äuge ich verstohlen zu den Jungs hinüber, die einfach viel lässigere Dinge tun und in ihrer Gruppe eine ganz andere Dynamik haben. Es ist für mich ein Geschenk des Himmels, als ich eines Tages von einer Bubengruppe in ein Pfadilager ins Tessin mitgenommen werde. Zwei Wochen bin ich nur mit Jungs zusammen. Ich blühe auf. Wir waten durch Bäche, suchen nach Gold, schlagen unsere Zelte bei einem kleinen Nebenflüsschen der Maggia auf, braten Würste, beobachten Tiere und die Natur.

Ich bin zu hundert Prozent integriert und überglücklich.

- - - *1978*

Sie war ein süßes Kind mit brandschwarzen Haaren, dunklen Knopfaugen, einem feinen schönen Körper. Sie schien die ganze Welt zu umarmen, nahm jeden sofort für sich ein, ging auf alle zu, spielte mit allen, kletterte auf jeden Baum, am liebsten bis ganz hinauf. Nie wollte sie auf meinem Schoß sitzen. Sie war ein Wildfang. Wenn wir einkaufen gingen, hielt sie es kaum neben mir aus. Sie rannte durch die Warenhäuser und manchmal auch davon.

Einmal, als ich während der Primarschulzeit in ihr Zimmer kam, war sie über ihr Pult gebeugt und konzentrierte sich auf das Geschöpf, das vor ihr auf einem Brettchen lag und alle viere von sich streckte. Unserer Katze hatte sie eine tote Maus aus dem Maul genommen, diese an den Pfoten auf dem kleinen Brett befestigt und mit ihrem Japanmesser seziert. Voller Spannung beobachtete sie, welche Organe im kleinen Bauchraum zum Vorschein kamen. Ein andermal erklärte sie mir, nachdem sie sich mit einem Messer ins Bein geschnitten hatte und genäht werden musste, jetzt wisse sie endlich, wie sich ein Schlangenbiss anfühle.

Ja, sie war eigenwillig. Sie weigerte sich kategorisch, Röcke anzuziehen. Ich dachte mir nichts dabei, denn auch unsere jüngere Tochter wollte nur Hosen tragen. Da waren beide Mädchen genau gleich. Ich versuchte es immer wieder mit selbst genähten Kleidchen. Doch es war vergebliche Liebesmüh, schließlich gab ich auf. Da Bettina am liebsten draußen spielte, war das ohnehin besser. Puppen interessierten sie nicht, es sei denn, ihr Bruder spielte mit und sie durfte der Arzt sein.

- - -

Eine Assistenzärztin meinte einmal, ich wäre ihr gar nie so richtig männlich vorgekommen. Sie kenne Frauen, die in ihrer Art viel männlicher seien. Meine Gedanken dazu: Ich war ein Mann, der eine Frau sein sollte, und nicht eine Frau, die ein Mann sein wollte. Ich versuchte, weiblich zu sein, weil mein Körper so war.

Aber ein Mann war ich schon immer.

- - - *April 2010*

Von einem Zipfeli sprach Bettina erstmals als Vierjährige. Ich dachte mir nichts dabei. Viele kleine Mädchen wollen doch ein Zipfeli. Danach erwähnte Bettina mir gegenüber nie mehr, ein Bub sein zu wollen. Meine Mutter erzählte mir aber, dass Bettina nachts einmal geweint habe, als sie bei ihr übernachtete. Als meine Mutter sie fragte, warum, muss Bettina gesagt haben: »Nani, ich möchte ein Bub sein.« – »Warum?«, wollte meine Mutter wissen. – »Dann könnte ich Arzt werden«, erklärte Bettina. – »Aber das kannst du doch auch als Mädchen«, erwiderte meine Mutter, »dann bist du eben kein Arzt, sondern eine Ärztin.«

- - -

In meiner Klasse schlage ich den stärksten Buben blutig. Ich hole aus, der Faustschlag sitzt. Als seine Unterlippe aufplatzt, platze auch ich fast vor Stolz. Noch heute kann ich seinen Angstschweiß riechen und sehe, wie er sich fassungslos das Blut aus dem Gesicht wischt.

Buben haben Respekt vor mir; das ist für mich der Beweis, ebenbürtig zu sein und dazuzugehören. In der Nachbarschaft kann ich mit einigen von ihnen richtig gut spielen; am liebsten turnen wir auf Baustellen herum oder verstecken uns in Rohbauten. Besonderen Spaß macht es in der Dämmerung, wenn sich die klaren Konturen im Abendlicht auflösen und es schummrig und etwas unheimlich wird. Ich liebe den Geruch von nassem Zement und abgestandenem Wasser.

Manchmal wird der große Holzschopf meines Vaters zu einem riesigen Piratenschiff. Hohe Wellen schlagen dann an Bug und Heck, wild flackert die schwarze Fahne mit dem Totenschädel und den gekreuzten Knochen. Angriffe von allen Seiten. Ich stehe auf der Kommandobrücke. Ich bin der Kapitän.

- - - *1971*

»Dürfen wir Ihnen unsere Karte zeigen?« – So heißt es immer am Anfang meiner Lieblingsbücher, »Die drei ???«, wenn die jungen Detektive neuen Kunden ihre Visitenkarte übergeben. Die Reaktion ist immer eine andere, und jedes Mal finde ich sie toll.

Stundenlang bin ich in einer anderen Welt, kaum ansprechbar, höre und sehe nichts um mich. Ich verschlinge diese Detektiv-Geschichten, in denen selbst die schwierigsten Fälle immer gelöst werden. Meine Klassenkameradinnen versinken derweil in »Hanni und Nanni«. Eines Tages bekomme auch ich einen Band aus dieser Serie geschenkt. Ich gebe mir große Mühe und reiße mich wirklich zusammen. Aber mehr als das zweite Kapitel schaffe ich einfach nicht.

- - - *1976*

Wie soll ich es meinen Geschwistern sagen? Ich entscheide mich für einen Brief. Mein Bruder meldet sich als Erster, er will mich treffen. Wir sprechen lange über die bevorstehende Veränderung. Keine Spur von Unverständnis, Groll oder Ablehnung. Ein richtiger Bruder würde ich für ihn aber nie, meint er, zu lange sei ich seine Schwester gewesen. Doch grundsätzlich sei es ja unter Geschwistern eher unwichtig, von welchem Geschlecht man sei.

Später besuchen wir Papa, der seit ein paar Tagen ebenfalls Bescheid weiß. Er verabschiedet mich mit »Ciao, Niklaus!«. Mein Papa nennt mich als Erster in der Familie bei meinem neuen Namen. Ich bin überglücklich.

- - - *Februar 2010*

Bettina war ein sehr attraktives Mädchen. Wie oft konnte sie mich – ihren Papa – um den Finger wickeln! Sie ist zu einem sehr attraktiven Mann geworden. An der Hochzeit meines zweiten Sohnes kam ein junger, schöner Herr auf mich zu. Erst als er kurz vor mir stand, erkannte ich, dass es mein Sohn war. Mein Nik.

- - -

Ein Abend im Sprechzimmer unserer Zuger Gemeinschaftspraxis. Ich lege meiner Kollegin dar, warum die Transition für mich unumgänglich geworden ist und dass ich es mir vorstellen könnte, die Praxis weiterhin zusammen mit ihr zu führen. Sie will sich Zeit nehmen, sich in die Materie einlesen, denn das Thema ist völlig neu für sie. Sofort aber versichert sie, mit mir zusammen nach einer Lösung zu suchen. Wir verabreden, uns am nächsten Abend erneut zu unterhalten, wie es mit unserer Praxis weitergehen soll. Es ist für mich eine Erleichterung, meine Kollegin so zu erleben und zu hören, dass sie mich zu verstehen versucht.

Wenn ich weiterkommen will, muss ich mein vermeintliches Monster sichtbar machen. So, wie ich lange brauchte, um mich zu akzeptieren, brauchen auch meine Mitmenschen Zeit, sich darauf einzustellen. Ein Monster entlarven kann man nur, wenn man es freilässt und nach außen trägt; wenn die Menschen sich langsam daran gewöhnen können und merken, dass es vielleicht gar nicht so schlimm ist, wie anfänglich befürchtet; dass dieser Niklaus nämlich ein ganz netter Mann sein wird.

- - - *Januar 2010*

Wie weit kann ich in die Unversehrtheit meines Körpers eingreifen? Ist es moralisch tragbar, einen gesunden, biologisch perfekt funktionierenden, kräftigen und auch schönen Frauenkörper operativ und hormonell zu »verstümmeln«? Darf ich das überhaupt? Oder ist es genau umgekehrt? Ist es, um es aus spiritueller Sicht zu sagen, nicht einfach mein Karma, mit diesem Konflikt zwischen Seelengefühl und Körpergefühl durchs Leben zu gehen? Muss nicht mein einziges Ziel sein, meinen weiblichen Körper so zu akzeptieren, wie er ist?

Als Gynäkologin habe ich allerdings auch für Frauen Verständnis, die mit einem übergroßen Busen zu mir kommen und den Wunsch haben, ihn zu verkleinern, obwohl dies ja keine tödliche Krankheit ist. Ebenso behandle ich tagein, tagaus Frauen mit künstlichen Hormonen, damit sie Kinder bekommen oder eben keine.

Ich bin gefordert. Als Mensch und als Mediziner.

- - - *Februar 2010*

Ich stand im Eingangsbereich einer Bar, da ging die Tür auf und eine wunderschöne Frau kam herein. Einfach wahnsinnig schön! Die Frau kam näher, ich erkannte, dass es Bettina war. Wir hatten uns lange nicht mehr gesehen. Ich war sprachlos. Es war um mich geschehen. Von einer Sekunde auf die nächste war ich komplett verknallt. Ihr ging es genauso.

Einen Monat später kam sie für ein Wochenende zu mir nach Deutschland. Es war mitten im Advent, und am Sonntagabend sagte Bettina, sie wolle die Stadt »by night« sehen. Wir gingen hinauf zur Burg. Es lag Schnee, überall glänzten die Lichter der Weihnachtsbeleuchtungen – ein wundervoller Abend. Wir gestanden uns unsere Liebe.

Dann begann eine traumhafte Zeit. Bettina lebte damals in einer winzigen Wohnung, in der man kaum zu zweit sein konnte, ohne sich nicht dauernd in den Armen zu liegen. Wir waren unendlich verliebt. Ich kam jeweils mit dem Auto in die Schweiz, und wir verließen das Bett nur dann, wenn eine von uns hinaus musste, um die Parkuhr zu füttern.

- - -

Warum habe ich so lange gewartet? Was hielt mich von der Metamorphose zurück?

- - - *März 2010*

Dieser unsägliche Alltagstest*! In regelmäßigen Abständen muss ich nun in die Sprechstunde eines Psychiaters, über Monate Gespräche führen, wieder und wieder meine Gedanken mit ihm durchgehen, um dann, nach geschlagenen zwölf Monaten, offiziell mit der geschlechtsangleichenden Hormontherapie beginnen zu dürfen.

Das bedeutet, dass ich in dieser Zeit meine Freunde, Familie, Nachbarn und Arbeitskollegen über die Transidentität informieren soll und gleichzeitig die männliche Rolle leben muss. Doch ohne Hormone ist das wie eine Maskerade, stecke ich doch noch immer im Körper einer Frau.

Diese Regelung ist unmenschlich, sie führt zu einer Zerreißprobe. Das ist, wie in einem Schwimmbad ohne Wasser zu schwimmen.

Ich habe mich innerhalb der letzten drei Monate in meinem privaten Umfeld geoutet. Jetzt ist der Zeitpunkt gekommen, mit der Hormontherapie anzufangen. Noch neun Monate zu warten, wäre der Gang durch die Hölle.

Als Gynäkologe könnte ich in der Praxis den Medikamentenschrank jederzeit selbst öffnen. Die Gespräche mit meinem Psychiater sind harzig, ich fühle mich in meiner Position als Arzt gekränkt. Wir ringen. Schließlich nimmt mein Psychiater den Telefonhörer zur Hand und meldet mich in der Endokrinologie an. Ich darf nun offiziell mit der Hormontherapie beginnen.

Privat lebe ich die Rolle als Mann, im Beruf werde ich bis zur Aufgabe meiner Praxistätigkeit Ende August als Frau auftreten.

- - - *April 2010*

Wie alle meine männlichen Spitalkollegen musste auch Nik erfahren, dass Patientinnen auf der gynäkologischen Notfallstation manchmal nicht von einem Mann untersucht werden wollen. Ab und zu musste ich schmunzeln, denn fraglos als Mann wahrgenommen zu werden, war für Nik das größte Kompliment.

- - -

Mein Therapeut rät mir, einen Abschiedsbrief zu schreiben.

16. August 2010

Liebe Bettina

Es ist Zeit geworden, aufzubrechen und mich von den alten Strukturen zu lösen. Du hast lange Zeit mein Dasein geprägt. Auf dich war Verlass, du hast mich nie im Stich gelassen, und dafür bin ich dir dankbar.
Dennoch konnte ich mich mit dir nie ganz anfreunden. Nicht, weil ich dich nicht mochte, sondern weil meine Umgebung, die Menschen um mich herum, mich durch dich immer falsch einschätzten. Sie glaubten immer, ich sei ein Mädchen und später eine Frau. Das war ich nicht, und trotzdem war dein Körper perfekt: schlank, schön und androgyn. Ein Körper, den sich manche Frau wünschen würde. Kein Haar, kein Pölsterchen zu viel, aber dennoch nie mein Freund. Ich fühlte mich nicht als Frau und musste all diese Dinge trotzdem tun: mich beim Pinkeln hinsetzen, in die Handarbeitsstunde gehen, BHs kaufen, mich schminken und entsprechend kleiden, damit ich in die Gesellschaft passte. Ich wollte keine Stone-Butch*-Lesbe und kein Mannsweib sein. So gab es lange Zeit keine Alternative für mich, als mich in mein Schicksal zu fügen. Bis die Zeit kam, in der ich mutig wurde und Unterstützung durch meine Umwelt erhielt.
So bin ich nun aufgebrochen, mein neues Leben mit einem neuen Körper zu leben. Ich werde Neuland betreten, mich in meiner neuen Identität zurechtfinden müssen. Das ist schwierig und bereitet mir Angst.
Ich hoffe, ich kann deine guten Eigenschaften wie Gelassenheit, Unkompliziertheit und Großzügigkeit mit-

nehmen. Und ich hoffe, ich kann mich weiterhin für dieselben Dinge im Leben begeistern, wie du das konntest. Für die Natur, für Abenteuer, für die Liebe und für Freundschaft.

Die Zeit mit dir war für mich sehr lehrreich. Ich hatte die einmalige Chance, zu erfahren, wie es sich anfühlt, als Frau durch die Welt zu gehen. Es sind keine verlorenen Jahre. Ich bin an ihnen gereift, vielleicht auch deshalb, weil ich mich immer wieder infrage stellen musste.

Denn meine Seele passte nicht zu meinem Körper.

Es tut mir leid: leid, dass ich es nicht geschafft habe, mich als Frau in meinem Leben für die Frauen starkzumachen. Ich war innerlich zu männlich, sodass ich jahrelang immer mit einem inneren Kompromiss leben musste. Ich wusste, dass ich stark bin, dass ich etwas erreichen kann im Leben, und wollte damit auch der Welt zeigen, dass eine Frau dem Mann ebenbürtig ist. Aber damit katapultierte ich mich selber immer wieder in die Rolle der Defizitären. So habe ich am Ende vor diesem Problem kapituliert. Ich musste aufgeben, damit ich meinen eigenen Weg, mein wahres Ich leben kann.

Jetzt bricht eine neue Zeit an, die Zeit der Ernte. Ich werde Mann sein, und gleichzeitig habe ich im tiefsten Innern meiner Seele noch einen Funken von dir, der übrig bleibt und mich zu Vorsicht und Achtsamkeit mahnt, mein Leben bewusst und tolerant zu leben und die Menschen in ihrer Einmaligkeit zu erkennen.

Ganz herzlich, dein

Niklaus

- - -

Ich hätte stets alles in der Welt gegeben, einen hübschen, schön gepflegten Bart zu haben. Dieses Gefühl verdrängte ich lange. Zu groß war die Scham. Doch nur schon das Zulassen dieses Wunschs fühlte sich wie eine Befreiung an, und oft nahm ich bei ihm Zuflucht, weil es mir half.

Und jetzt sprießen tatsächlich die ersten Härchen. Wenn ich mich dusche und an mir herunterschaue, sehe ich sie überall. Das erfüllt mich mit einem unbeschreiblichen Glücksgefühl. Ich muss mich zügeln, vor lauter Begeisterung nicht alle meine Freunde mit meiner Entdeckung zu belästigen.

Ganz langsam wandle ich mich.

Mit der Wandlung wächst der Mut. Zu einem Apéro in der Frauenklinik ziehe ich meine schöne schwarze Männerhose und mein Männerhemd an. Dazu die schwarzen Schuhe – sieht sehr elegant aus.

- - - *September 2010*

Ein Pfadikollege will mich küssen. Das löst in mir Panik aus. Schritt für Schritt wird mir klar, dass ich mich den männlichen Avancen am einfachsten widersetzen kann, wenn ich mich für alle sichtbar auf Frauen konzentriere.

- - - *1981*

Oft werde ich gefragt, ob ich denn nicht wahnsinnig gelitten hätte all die Jahre. Nein, ich habe nicht so arg gelitten. Ich habe die Zähne zusammengebissen, versucht, mein Leben in diesem weiblichen Körper so gut wie möglich zu ertragen, und nach Strategien gesucht. So gelang es mir immer wieder, mich abzulenken. Ich war eine gute Schülerin, las gern, zeichnete Cartoons, malte Bilder, interessierte mich für tausend Dinge, studierte Medizin, machte Zusatzausbildungen in Allgemeinmedizin und Gynäkologie, spezialisierte mich laufend weiter auf den weiblichen Körper. Meine Arbeit forderte mich Tag und Nacht. Jede freie Minute verbrachte ich in der Natur, trainierte, sog die Lungen voller Sauerstoff, ging wandern, bergsteigen, Velo fahren, machte Skitouren.

Die intensive Art, zu leben, schützte mich aber nicht davor, dass von Zeit zu Zeit die ganze Trauer und Verzweiflung über mich hereinbrach. Denn ich wusste:

Das ist nicht mein Leben.

Ich werde um etwas betrogen.

Ich betrüge mich selbst.

- - - *Mai 2011*

Ich habe mir einen Rasierapparat gekauft und auf Anraten einer Freundin das erste Mal meinen Schnauz wegrasiert – sofern man diesen Mini-Schnauz so bezeichnen kann. Nun ist die Lippe wieder glatt. Es ist aber bereits erkennbar, dass meine Bartgrenze hoch oben an der Wange ist. Es könnte also sein, dass sich da mal ein dichter Bartwuchs, vielleicht gar ein Wildwuchs entwickelt. Das wäre für mich eine Entschädigung für meinen fehlenden Penis. Gespannt erwarte ich die Stoppeln. Immer wieder muss ich in den Spiegel schauen. Ich kann nicht anders. Dieses Mitverfolgen, wie sich mein Körper verändert und mein Äußeres und mein Inneres immer mehr verschmelzen, ist ein wunderschönes Geschenk. Auch die Muskeln wachsen. Manche T-Shirts spannen, und ein Hemd musste ich bereits an eine Freundin verschenken.

Auf der Straße werde ich nun meistens als Mann wahrgenommen. Ich fühle mich so wohl in diesem neuen Leben, freue mich von Tag zu Tag auf das Fortschreiten meiner Veränderung. Mein Körper gefällt mir immer besser, auch wenn da noch offensichtliche weibliche Attribute dranhängen.

Meine beiden Girls stören mich: Die Brüste werden immer mehr zur Last.

- - - *August 2010*

Ich wartete mit einer anderen Gynäkologin aus unserem Ärzteteam auf den Lift. Vom Ende des Gangs kam im Gegenlicht ein Mann auf uns zu. Zweifellos ein sehr gut gebauter Mann. Erst als er wenige Meter von uns entfernt war, wurde mir klar: Das ist Nik! Es war unglaublich, wie schnell sich sein Körper veränderte. In unseren gemeinsamen Dienstzeiten setzte ich ihm manchmal die Testosteron-Spritze.

- - -

Es ist zum Verzweifeln. Ich sitze in diesem Körper, der wie ein Gefängnis für mich ist. Ein Körper, den ich mir niemals, niemals gewünscht habe.

- - - 2005

Der Neid wird immer größer. Während die Jungs ihre flache Brust zur Schau stellen können, muss ich mich mit den ersten BHs herumschlagen. Mit Zunahme der weiblichen Hormone verändert sich meine gesamte Wahrnehmung. Ich habe das Gefühl, langsam hinter einem schweren Vorhang zu verschwinden. Die Welt entrückt mir, ich spüre mich nicht mehr. Das Leben, das in meinem kindlichen Körper pulsierte, suche ich vergebens. Ich habe es verloren.

- - - *1978*

Bereits als Jugendliche hoffte ich auf die Wechseljahre. Ich ersehnte die Zeit, da diese falschen Hormone wieder aus meinem Körper verschwänden. Und jetzt muss ich einen großen Vortrag halten zum Thema »Die Wechseljahre aus medizinischer Sicht«. Ein Vermächtnis meiner Vergangenheit, als die Welt noch in Ordnung schien. Es kommt mir vor wie die Abschiedsvorlesung, bevor ich in Pension gehe. Trotz meiner momentan nervlich angespannten Lage kann ich mich aber konzentrieren und den Vortrag halten. Die Zuhörenden sind begeistert. Von wem? Von Bettina? Von Niklaus?

Es ist ein Vakuum. Ich stehe zwischen den Welten, bin weder das eine noch das andere. Keine Frau mehr, noch kein Mann, ein Zwischenwesen.

- - - *Mai 2010*

Meine Mutter ist zurzeit sehr gelassen. Wir können offen über die Transidentität sprechen, und sie kann meine Wandlung wirklich ganz akzeptieren. Da stört es auch nicht, wenn sie mich zwischendurch noch beim alten Namen nennt.

Wir begrüßen uns wie gewohnt, umarmen uns lange, dann flüstert sie mir ins Ohr: »Du wirst ein ganz schöner Mann werden.« – Das Kompliment rührt mich unglaublich und macht mich gleichzeitig stolz.

Ich bin mir bewusst, was es für meine Eltern bedeutet, einen transidenten Sohn zu haben. Sie brauchen Zeit, sich an die neuen Umstände zu gewöhnen. Und es braucht Kraft und Mut, die Verwandtschaft aufzuklären und Bekannte zu informieren.

Die Unterstützung meiner Mutter in diesem Prozess schätze ich sehr. Sie schafft es, sich von alten Vorstellungen zu lösen und in mir den Menschen zu sehen, der ich wirklich bin. Alles wird gut.

- - - *Januar 2011*

Die Sicht von beiden Seiten auf das Leben: Das macht uns Transmenschen so einmalig. Wir sind die wahren Experten, wenn es um diese ewige Frage geht, was eigentlich typisch männlich und was typisch weiblich sei.

- - - *Juni 2012*

Nie wäre ich auf die Idee gekommen, dass sie sich in ihrem Körper nicht wohlfühlt. Sie war ja eine wunderschöne, blitzgescheite Frau. Meine große Liebe. Immer gestylt, top gekleidet, sehr gepflegt, oft ging sie zum Friseur, immer trug sie Lippenstift, täglich rasierte sie sich die Beine.

Wir konnten während unserer Beziehung über alles sprechen. Aber bei ganz persönlichen Themen schaffte ich es nicht, bis zu ihrem Inneren durchzudringen. Da war eine Mauer, hinter die sie mich nicht blicken ließ. Trotzdem schwebte ich auf Wolke sieben. Bettina führte mich in ihren Freundeskreis ein, in ihre Familie, ich fühlte mich überall sehr wohl. Was mir auffiel: Sie hatte kaum Kontakt zu ihrer Mutter, war sehr auf den Vater bezogen.

Die Mutter lernte ich erst zehn Jahre später kennen an Niks Hochzeit. Da war ich Trauzeugin.

Schön, wie viel größer unsere Nähe heute ist. Die Mauer ist zerbröckelt.

- - -

Jeden Tag streiche ich ein wenig Testosteron-Gel auf die Haut. Mein Körper saugt das Hormon im wahrsten Sinne des Wortes in sich hinein. Wie wenn man einer durstigen Pflanze endlich Wasser gibt.

- - - *Mai 2010*

Was erwarte ich eigentlich immer wieder von Gesprächen mit Psychiatern? Ich will herausfinden, weshalb ich diesen Wunsch, einen männlichen Körper zu haben, seit frühster Kindheit mit mir herumtrage. Woher stammt diese felsenfeste Gewissheit, dass es sich hierbei nicht einfach um eine Einbildung handelt? Was sagt mir, dass ich keiner Wahnvorstellung aufsitze?

Ich surfe durchs Internet und suche nach einem »Trans-Test«. Vergebens. Denn so etwas kann es gar nicht geben. Das innere Gefühl, diese Gewissheit, können weder ich noch andere beweisen. Es ist wie mit anderen Gefühlen im Leben. Wie kann ich beweisen, dass ich jemanden von Herzen liebe? Müssen wir nicht alle irgendwo mit Vorstellungen leben, von denen wir nie sicher sein können, ob es sich nicht um Wahnvorstellungen handelt?

- - - *Januar 2010*

Alles weg! Ich beschaffe mir große Säcke und fülle sie bis oben mit meinen Frauenkleidern: Blusen, Jacken, BHs, Slips. Nie wieder! Das Schminkzeugs werfe ich in hohem Bogen fort. Die Perlenkette schenke ich meiner Mutter, die Ohrringe bekommt meine Schwester.

- - - *September 2010*

Mir ist vieles geglückt, und ich bin in vielerlei Hinsicht sehr privilegiert. Ich habe eine liebe Familie, gute Freunde, ich bin beruflich erfolgreich und hatte auch schon als Frau einen gesunden Körper. Obwohl ich mich innerlich als Mann wahrnehme, wollte ich als Frau erfolgreich sein. Jahrzehntelang rang ich mit mir. Ich wollte diesen Kampf gewinnen, dieses Gefühl der inneren Zerrissenheit endlich ablegen können und mich als richtige Frau in dieser Welt zurechtfinden.

Irgendwann musste ich aufgeben. Ich konnte einfach nicht mehr und wusste, dass ich so nie richtig glücklich werden würde. Ich fühlte mich von der Natur betrogen – um mich selbst und um mein Leben.

- - - *Mai 2010*

Papa habe ich sehr gern. Wir sind uns nahe, auch wenn wir nicht viele Worte austauschen. Wir sind beide eher ruhig und verschlossen. Vielleicht fühlen wir uns gerade deshalb so verbunden. Auch er hätte zwar Freude, wenn ich manchmal ein Röcklein tragen würde, aber ebenso spüre ich, dass ihm meine bubenhaften Seiten gefallen.

Wir unternehmen gemeinsam Dinge, die nach Abenteuer klingen und für die mein Bruder wenig Interesse zeigt. Er ist eher schüchtern, leidet an Legasthenie und hat es deshalb in der Schule schwer. Mir fällt das Lernen leicht, und ich fürchte mich vor wenigem. Obwohl ich drei Jahre jünger bin, laufe ich meinem Bruder nicht selten den Rang ab. Das Gefühl, seine kleine Schwester zu sein, ist mir fremd.

Für Papa bin ich wie ein zweiter Sohn. Er nimmt mich mit auf seine Baustellen, erklärt mir Konstruktionen, zeigt mir Pläne. Die Welt der Bagger und Bauarbeiter gefällt mir. Wir unternehmen lange, strenge Wanderungen, zelten, wo sich Fuchs und Hase Gute Nacht sagen, gehen auf lange Skitouren, schwimmen in Seen und Flüssen. Ich genieße es sehr, sein Kind zu sein.

- - - *1974*

Der Abend ist mild, wir sitzen im Garten unter einer Laube, genießen das feine Essen und den guten Tropfen Wein. Mein Vater hat für meinen siebenundvierzigsten Geburtstag ein wunderschönes Restaurant auf einer Anhöhe am Stadtrand gewählt. Der Sonnenuntergang taucht die Umgebung in ein goldenes Licht. Dass uns der Kellner immerzu mit »die beiden Herren« anspricht, macht Papa leicht verlegen.

- - - *August 2011*

Ich kämpfe mich durch meinen Alltag: Wecker, aufstehen, unter die Dusche rennen, Testosteron-Gel auftragen und den Binder* anziehen, der die einzige Möglichkeit ist, meine Brüste verschwinden zu lassen. Dann in meine Männerklamotten schlüpfen und in die Praxis hechten. Alltagstest!

Dort: umziehen, Binder ab, BH an, Perlstecker in die Ohren, Kette um den Hals, Wechsel in die Praxiskleider. Ab dann als Frau Doktor den Tag überstehen und den Abend herbeisehnen.

- - - *August 2010*

Es ist ein Versuch. Und er klappt. Ich bin das erste Mal als Mann in einer schwul-lesbischen Disco. Das Experiment ist recht spannend. Ich habe das Gefühl, dass ich wirklich als Mann angeschaut werde. Jedenfalls spüre ich, dass sich die Lesben überhaupt nicht mehr für mich interessieren und ich Blicke von Männern auf mich ziehe.

- - - *August 2010*

Meine Mutter hat nun beschlossen, mich Nik zu nennen. Sie meint auch, ich wirke viel entspannter und sie spüre mich näher bei ihr. Damals, mit der Magersucht, sei ich so unzugänglich geworden. Nach und nach wird ihr klar, dass mein Hungern vor dreißig Jahren mit der Transidentität zu tun hatte.

- - - *Dezember 2010*

Mein Tag! Ich darf im Passbüro meine neuen Ausweise abholen. In der Schweiz gibt es für Transmenschen kein spezielles Gesetz zur Änderung des Vornamens oder des Geschlechtseintrages. Gemäß Rechtsprechung können aber auf gerichtlichen Antrag hin die Angaben in den Zivilstandsregistern »berichtigt« werden.

Den Personenstand werde ich vorerst nicht ändern. Künftig wird es vielleicht etwas verwirren, wenn neben meinem männlichen Namen ein »F« steht. Aber das Prozedere ist mir zuwider: Es würde den erneuten Gang zum Psychiater bedeuten. Dort müsste ich entwürdigende Fragen beantworten wie etwa, ob mein Bartwuchs bereits genügend »männlich« sei, damit ich in der Gesellschaft als Mann wahrgenommen würde. Man begutachtete mich wie einen Straftäter oder eine Person mit einer schweren Beeinträchtigung. Schließlich müsste ein Richter über die Änderung des Geschlechtseintrags entscheiden. Das mache ich nicht nochmals mit. Es war für mich erniedrigend genug, von einem Psychiater für psychisch krank erklärt zu werden, damit ich offiziell meinen weiblichen Vornamen in einen männlichen ändern lassen durfte. Ich habe genug davon, immer auf das Wohlwollen von Behörden angewiesen zu sein. Soll in meinen Dokumenten weiterhin ein »F« stehen, damit kann ich leben!

Wozu braucht es diese »F« und »M« überhaupt? Ich spüre massive Widerstände in mir aufkeimen. Zudem merke ich, dass sich außerhalb der Behörden absolut niemand für meinen Personenstand interessiert, wenn man mich als Mann wahrnimmt. Niemand schaut im Pass nach, ob das nun korrekt ist. Ich ernte weder seltsame Blicke am Flughafen noch am Zoll.

Nachdem ich nun ein gutes Dutzend Mal mit meinem neuen Pass durch die Zollkontrolle gegangen bin, fasse ich mir ein Herz und frage die Zöllnerin freundlich, ob sie das »F« in meinem Pass nicht irritiere. Riesiges Fragezeichen in ihrem Gesicht. Zuerst scheint sie meine Frage nicht zu verstehen. Nach einigen Erklärungen dann ihre verlegene Antwort: Nein, auf den Geschlechtseintrag achte sie nur, wenn eine Person nicht eindeutig männlich oder weiblich sei.

- - - *August 2010*

Ich unterdrückte lange Zeit die Tatsache, ein Mann zu sein, indem ich meine männlichen Seiten diskreditierte, sie ablehnte, sie zu zerstören versuchte. Ähnlich der bei Homosexuellen bekannten internalisierten Homophobie entwickelte ich eine internalisierte Transphobie, über die ich ständig stolperte. Nun muss ich lernen, diese männlichen Seiten an mir zu akzeptieren, sie lieb zu gewinnen.

Oft suche ich im Internet nach Anhaltspunkten dafür, wo ich stehe und wohin ich will. Ich finde unzählige Informationen und eindrückliche Geschichten von Menschen auf ihrem Weg von Frau zu Mann. Auf einen transidenten Gynäkologen bin ich bis heute aber noch nicht gestoßen.

- - - *Januar 2010*

Teils nackt, teils halb bekleidet liegen die Puppen aufeinander, ziemlich lieblos hingeworfen, die meisten mit dem Gesicht nach unten. Die Haare unfrisiert, verfilzt, an manchen Köpfchen fehlen sie ganz. Dieser wilde Haufen interessiert mich nicht. Im Gegenteil. Er ist mir ein Dorn im Auge. Da steht er, als ob er immerzu sagen würde: Bettina, schau her, wir sind die richtigen Spielsachen für ein Mädchen. Warum schaffst du es denn nicht, dich liebevoll um uns zu kümmern, uns zu waschen, zu wickeln, zu füttern, zu kämmen, uns selbst genähte Kleidchen anzuziehen und den Bären und Äffchen stundenlang Modeschauen vorzuführen?

Ich mache jeweils einen großen Bogen um diesen Haufen und konzentriere mich auf die andere Ecke im Kinderzimmer. Dort liegen meine wirklichen Spielsachen: Cowboys und Indianer aus Plastik mit Lassos, Gewehren, in Stiefeln, Lederhosen, mit ausladenden Hüten und Federnschmuck in den Haaren. Zum Geburtstag habe ich ein Westernfort bekommen, das ich aus unzähligen Einzelteilen zusammensetze, immer wieder umbaue und neu organisiere. Stundenlang kann ich die Geschichten von Winnetou und Old Shatterhand nachspielen, allein oder zusammen mit meinen Geschwistern. Winnetou ist meine ganze Welt. Auch er hat lange Haare. Es gibt also noch andere Männer mit langen Haaren. Er ist mein großes Vorbild.

Irgendwann kann mich meine Mama überreden, mir nochmals eine neue Puppe zu Weihnachten schenken zu dürfen. Ich will ihr eine Freude bereiten, indem ich zu etwas Ja sage, das ich verabscheue. Aber so einfach soll das Ganze nicht werden. Ich stelle eine Bedingung: Die Puppe muss ein Bübchen sein. Sie muss wirklich einen Penis haben. Meine Mutter klappert die halbe Stadt ab, um eine solche Puppe zu finden. Innerlich hoffe ich, gewonnen zu haben und um dieses ungeliebte Geschenk herumzukommen.

Unter dem Christbaum dann das Päckchen. Ich reiße das Geschenkpapier entzwei, öffne die Verpackung und betrachte den kleinen Buben, der mir in selbst gestricktem blauem Pulli entgegenlächelt. Ein Griff und seine Hosen sind unten: Tatsächlich ein Bub! Der Penis ist zwar winzig, eigentlich ist er nur angedeutet, aber für mich ist er dennoch klar erkennbar. Jetzt habe ich ein Spielzeug, mit dem ich meinen Kindertraum etwas ausleben kann: Ich habe jetzt einen kleinen Buben, der ich selbst nicht sein darf.

- - - *1972*

Endlich! Ich habe mir einen Cowboyhut gekauft, dunkelgrau, einen amerikanischen Stetson. Wie viele Jahre träumte ich von solch einem Hut! Mittlerweile werde ich auf der Straße zu neunzig Prozent als Mann wahrgenommen. Das gibt mir ein sicheres Gefühl. In kleinen Schritten kommt die Stimme runter. Die oberen Töne kann ich nur noch krächzen, die Bässe werden weiter, tiefer.

- - - *August 2010*

Frauen reden, Männer denken nach. Sicher, ein Klischee, einverstanden, doch dieser Satz hat einen wahren Kern. Hintergrund ist, dass die Gesellschaft von den Frauen eine ausgeprägte Kommunikationsfähigkeit erwartet und von den Männern das Denken. Männer gehen mit Gefühlen anders um. Auch wenn wir das klar unterschiedlichen Hirnregionen zuordnen können, bleibt offen, ob das erworben oder angeboren ist.

Ich vertiefe mich in medizinische Lektüre über das »männliche Gehirn«. Vieles trifft genau auf mich zu. Mir wird klar: Mein Hirn funktioniert männlich, seit ich mich erinnern kann – ein männlich agierendes Hirn im Körper einer Frau.

Kein Wunder, bereitet es mir immer wieder Mühe, wenn Frauen über Gefühle sprechen wollen. Dann komme ich mir vor wie bei einer Weindegustation; während die Frauen differenziert und eloquent über die unterschiedlichen Noten diskutieren, kann ich nur zwischen süß, sauer, salzig und bitter unterscheiden. Alles andere verstehe ich nicht und kenne ich nicht. In solchen Momenten bekomme ich ein stark defizitäres Gefühl und gerate massiv unter Druck; während vieler Jahre verstand ich nicht, warum ich anders bin und anders fühle.

- - - *März 2010*

Die Geschichte jährt sich. Ziemlich genau vor einem Jahr brach alles aus mir heraus. Diese Flut, die ich nicht mehr aufhalten konnte, dieser Dammbruch, die Wucht der Welle, die nicht mehr zu stoppen war. Chaos pur, Absturz, Boden unter den Füßen weg. Alles drehte sich, und ein mühevoller Weg tat sich vor mir auf. Kein Stein sollte auf dem anderen bleiben. Ich musste alles in meinem Leben neu ordnen.

- - - *Dezember 2010*

Neuer Job, neuer Name, neues Outfit. Alte Freunde, alte Bekannte und Verwandte. Die Welt hat sich beruhigt, und mich gibt es immer noch – einfach mit umgekehrten Vorzeichen.

Ich bin ein Mann mit weiblichem Sozialisationshintergrund.

- - - Januar 2011

Immer und immer wieder diese quälenden Fragen. Warum hast du nicht den Mut? Bist du zu feige? Warum wagst du nicht den ersten Schritt? Früher wäre das ja alles gar nicht möglich gewesen, aber heute mit der Hormontherapie ist es möglich – möglich, sich selber zu werden, sein wahres Leben zu leben. Ich war ein Weltmeister darin, mich anzupassen. Ich wollte es immer allen recht machen.

- - - *Januar* 2010

Schritt für Schritt wird auf meinem Gesicht meine wahre Seele erkennbar. Erst jetzt, wo ich endlich mit der Hormontherapie beginne, wird mir klar, wie weit ich von mir selber weggekommen bin.

- - - *Mai 2010*

Einmal im Jahr macht unsere Schule einen Ausflug ins Grüne. Wir wandern auf einen Berg, unterwegs picknicken wir, meistens auf einer Waldlichtung. Ein großartiger Tag! Ich liebe nichts mehr, als draußen zu sein, die Sonne zu spüren, die Schuhe auszuziehen, feuchte Erde unter den Fußsohlen, herumtollen, auf Bäume klettern, Würste braten.

Die Tradition will es, dass alle vier Jahre dieser Ausflugstag mit einem farbenfrohen Umzug durch die Stadt beendet wird. Dazu muss sich jede Schulklasse zu einem bestimmten Thema verkleiden. Während sich die Buben auf ihren Auftritt als Wurzelmänner konzentrieren und sich lustige graue Bärte ankleben, muss ich zusammen mit den Mädchen violette Filzblätter ausschneiden und sie dann am Kragen als Blütenblätter tragen. Ich bin innerlich unsäglich gekränkt und wütend.

- - - *1974*

Oft staune ich, wie ich es so lange in der Rolle als Frau und in meinem Frauenkörper ausgehalten habe. Ich denke, weil ich psychisch gesund bin, weil ich mich ablenken und auf meinen Beruf konzentrieren konnte, weil ich diszipliniert, stabil und beherrscht war, konnte ich dieses Spiel so lange mitmachen. Bis schließlich der Punkt kam, an dem ich nicht mehr um die Frage herumkam, was ich eigentlich in meinem Leben will. Ewig in dieser Rolle verharren? Ewig Theater spielen?

- - - *Juni 2010*

Bis vor wenigen Jahren bestand unsere Pfadi-Rotte aus zehn Frauen. Heute sind wir neun Frauen und ein Mann. Seit über dreißig Jahren treffen wir uns einmal im Jahr. Eine von uns lädt dann jeweils zu sich nach Hause ein. Dann quartieren wir unsere Männer aus, die Kinder auch, und schlafen wie früher im Massenlager alle zusammen im gleichen Raum. Das hat etwas sehr Schönes und Verbindendes.

Ich kenne Bettina seit meinem neunten Lebensjahr, wir wurden miteinander groß, waren beide erst Hilfsgruppenführerinnen, dann Gruppenführerinnen, schoben gemeinsam Nachtwache, saßen am Lagerfeuer, beobachteten, wie es langsam heller wurde, redeten, sangen. Nur wir zwei. Wir waren uns über all die Jahre sehr nahe, liefen immer zusammen nach Hause, schwatzten vor der Haustür noch stundenlang. Oft konnten wir uns kaum voneinander trennen. Bettinas innere Kämpfe habe ich nie mitgekriegt.

Klar, sie war eher ein Bubenmädchen. Sie hatte kurze Haare, war schmal und kräftig, in allem sehr geschickt, kletterte auf Bäume, konnte alle Knoten knüpfen. Sie hatte es mit allen gut, war umgänglich, beliebt, ging auf die Leute zu, war zuverlässig, sehr engagiert, nahm sich für alles Zeit, war ehrlich, mutig, selbstbewusst. Manchmal fiel mir auf, dass sie etwas Hartes und Ernstes hatte.

Nie aber kam mir der Gedanke, dass eine Bubenseele in ihrem Mädchenkörper stecken könnte. Und nie, gar nie, sagte sie, es gehe ihr schlecht. Wenn ich heute alte Pfadi-Fotos anschaue, dann erkenne ich eine gewisse Melancholie und etwas Grüblerisches in ihren Augen.

Vor der Wandlung wollte Bettina wissen, ob ich sie währenddessen und danach in der Rotte unterstütze. Das war für mich gar keine Frage. Der Prozess, der dann einsetzte, war interessant: Während ich in die Wechseljahre und mein Sohn in die Pubertät kam, wuchsen bei Niklaus Schnauz und Muskeln. Bei mir begann der Abbau, bei ihm der Aufbau.

Niks Pfadi-Name ist Lausi – die Buchstaben sind Bestandteil seines neuen Namens. Wenn ich mich heute mit ihm verabrede, schreibe ich Niklausi in die Agenda.

- - -

Wir Transmenschen befinden uns in der Zwickmühle. Wir können versuchen, das seelische Geschlecht dem körperlichen anzugleichen oder das körperliche Geschlecht dem seelischen.

Was ist ethisch vertretbar? Müssen wir uns dem Diktat des körperlichen, materiellen Geschlechts beugen, die Seele in ihre Hülle zwingen und diese Nichtübereinstimmung bis ans Lebensende ertragen? Oder dürfen wir den Körper der Seele unterordnen und korrigierend in die Natur eingreifen?

Heute glaube ich, dass es mein Karma war, den Mut zu haben, meinen Körper dem seelischen Empfinden anzugleichen. Mein Leben ist ein Beweis dafür, dass wir Transmenschen geistig gesund sind und dass Transidentität nicht das Resultat einer fehlgeleiteten Persönlichkeitsentwicklung oder Folge einer traumatischen Kindheitserfahrung ist.

- - - *Mai 2012*

Meine Kindheit möchte ich als glücklich bezeichnen.

- - - *März 2013*

Ich muss die Mandeln entfernen lassen. Auf der Kinderabteilung des Spitals habe ich großes Glück. Ich teile das Zimmer mit zwei Buben. Das finde ich natürlich super. Es kommt die Nacht vor der Operation, wir drei liegen etwas aufgekratzt in unseren Bettchen. Da beginnt plötzlich ein eigenartiges Spiel. Der eine Bube fordert mich auf, meinen nackten Hintern zu zeigen. Ich fasse das als Mutprobe unter Jungs auf und mache ohne Umschweife, was er will. Hose runter, Hintern raus. Gejohle bricht aus, wir werden immer lauter, übermütiger und ungehemmter. »Und nochmals zeigen!«, schreien die beiden, »und nochmals!«

Plötzlich hören wir Schritte im Flur. Ich reiße die Pyjamahose hoch und will das Licht löschen. In der Hektik erwische ich den Rufknopf für die Nachtschwester, die kurz darauf im Zimmer steht. »Ruhe!«, ermahnt sie uns, wir müssten schlafen. Da erwidert der eine Junge, das könne er gar nicht, denn ich hätte ihnen dauernd meinen nackten Hintern gezeigt. Ich bin sprachlos. Innerlich koche ich vor Wut. Ohne nachzufragen, macht die Nachtschwester kurzen Prozess: Sie schiebt mich im Bett aus dem Zimmer und versorgt mich in der Besenkammer. Dort liege ich mit heißen Tränen, bis ich vor Erschöpfung, Enttäuschung und Scham einschlafe.

- - - *1969*

Heute bekommt Vater den Brief, in dem ich ihm meine Wandlung offenbare. Ich bin den ganzen Tag in einer sehr speziellen Stimmung, habe Mühe, mich auf meine Arbeit zu konzentrieren, schweife in Gedanken dauernd zu meinem Papa, stehe unter Spannung, bin ahnungslos, ob ich ihn nun zutiefst enttäusche. Wie wird er reagieren? Ich weiß, dass er mich als Tochter liebte.

Endlich das Telefonat. Ich bin so unendlich erleichtert, von meinem Vater zu hören, dass er nicht schockiert ist. Es spiele ihm keine Rolle, ob ich seine Tochter oder sein Sohn sei. Er habe mich einfach gern.

- - - *Februar 2010*

Ich spreche mir Mut zu: Niklaus, glaubst du wirklich, dass du so einfach den Boden unter den Füßen verlierst? Bettina wird nicht spurlos von der Bildfläche verschwinden. Die war wirklich tough! Die konnte überall anpacken, war sich für nichts zu schade und machte in ihrem Leben oft das, was sie wollte. Diese Bettina steht weiterhin neben dir. Sie wird ein Teil von dir bleiben, und gemeinsam mit ihr wird das Leben reichhaltiger; du wirst vollkommener, wenn du bereit bist, beide Teile zu leben: die bekannte Bettina und den unbekannten Niklaus, diesen in der Pubertät stecken gebliebenen Jungen, den du lange in dir verborgen hast und dem du nun zum Mannwerden verhilfst. Lass dich nicht einschüchtern! Die Welt steht auch Niklaus offen!

- - - *April 2010*

Mit großem Brimborium wird unsere neue Kunsteishalle eingeweiht. Tausende von Menschen kommen, um sich die Show anzusehen, ich bin im Organisationskomitee. Interessant sind für mich die Darbietungen der Jüngsten. Auf der einen Seite die elfenhaften kleinen Eisprinzessinnen, die schon sehr gekonnt durch die Luft wirbeln und Pirouetten drehen, mit ihren langen Haaren und grazilen Körperchen ganz der Bewegung hingegeben. Auf der anderen Seite die Eishockey-Jungmannschaft in Vollmontur. Mit Körperschutz, Helm, Handschuhen und Hockey-Stock wirken sie bereits recht bullig. Ich staune, wie selbstverständlich und unbeschwert die Kinder in ihren Rollen aufgehen.

- - - *August 2010*

Ich stecke in einer Übergangsphase, fühle mich als Wesen zwischen den Geschlechtern. In dieser schwierigen Situation gebe ich besonders Acht, männlich zu wirken: Ich versuche, männlich zu husten, männlich zu schnäuzen, männlich zu gehen und zu gestikulieren. Auch wenn ich meine Umgebung momentan etwas verwirre und nicht eindeutig bin: Ich bin stolz darauf, diesen Weg für mein Leben, für meine Erfüllung gewählt zu haben.

Die Stoßrichtung ist klar, das Ziel rückt immer näher, und es wird immer deutlicher, dass ich mindestens zum Teil die körperlichen Merkmale bekomme, die ich mir immer schon sehnlichst gewünscht habe.

- - - *Juli 2010*

Ich liebte Bettina mit allem, was ich hatte. Doch von Beginn an missfiel mir ihr Hang zum Extremsport. Beim Skifahren konnte ich gerade noch mithalten. Dann aber kam der Frühling, und Bettina plante eine Bergtour: Sie wollte mit acht Männern einen Fünftausender erklimmen, den Elbrus im Kaukasus. Kurz zuvor waren wir in Tunesien in den Ferien, wo Bettina riesige Berge an Essen verschlang. Das war mir manchmal fast etwas peinlich. Sie war so dünn und hatte einen durch und durch trainierten Körper, den sie mit Sport so forderte, dass sie sich Energie anfuttern musste. Sie joggte, schwamm wie eine Verrückte, obwohl das Wasser noch eiskalt war, hatte diesen Trieb, körperlich an Grenzen zu gehen. Das irritierte mich.

Zu Beginn versuchte ich, mir einzureden: Sie ist Schweizerin, da gibt es viele Berge, und da muss man vielleicht so trainiert sein. Doch als sie mich dann regelmäßig über die Wochenenden in Deutschland besuchte, holte sie samstagmorgens spätestens um sechs Uhr die Sportklamotten aus einer ihrer Plastiktüten. Dann zog sie die Skates an oder schlüpfte in die Joggingschuhe, und weg war sie. Ich wollte nichts anderes als kuscheln und im Bett Kaffee trinken. Sie aber war wie eine Getriebene, rastlos, ruhelos. Vor irgendetwas lief Bettina davon.

- - -

Oft bin ich so aufgeregt, dass ich nachts nicht schlafen kann. Manchmal habe ich das Gefühl, als schwebte ich irgendwo zwischen Himmel und Erde. Ich bin so unsagbar glücklich, dass ich beinahe Angst habe, ich müsse dafür irgendwann büßen; es dürfe nicht sein, ich hätte das nicht verdient. Das ist so eigenartig: Da freut sich jede Faser meines Körpers über die Veränderungen, und doch habe ich innerlich ein schlechtes Gewissen. Dieses leise Gefühl, ich hätte nicht tun dürfen, was ich getan habe; es sei falsch, ich könnte das irgendwann bereuen. Vermutlich wird es noch einige Zeit dauern, bis ich begreife, dass ich wirklich glücklich sein darf und nicht bestraft werde, weil ich in die Biologie eingegriffen habe.

- - - *Oktober 2010*

Als transidenter Junge leidet man zweifach. Man wünscht sich nichts sehnlicher als einen männlichen Körper, um sich mit dem Leben eins zu fühlen, um sich ausdrücken und austoben zu können. Und dann kommt zusätzlich noch ein Rollendruck dazu. Man wird dauernd ermahnt, sich auch wirklich wie ein Mädchen zu verhalten, wird ins Ballett geschickt, soll in der Handarbeit Flicksocken stricken und Küchenschürzen nähen; die Haare werden zu Zöpfen geflochten, im Schrank drohen Kleidchen und Blusen.

Als Erwachsener kann man sich diesem Rollenzwang teilweise entziehen, doch die Spiegelung der Gesellschaft bleibt bestehen. Man wird als Frau angesehen, als weibliches Sexualobjekt, und man steckt immer noch im »falschen Körper«. So muss man sich dauernd erklären und neu definieren. Was mir als Rolle zugewiesen wird, muss ich für mich umdeuten, und was ich nach außen mitteilen will, wird oft missverstanden.

Jahrelang lebe ich mit diesem Konflikt und merke erst jetzt Schritt für Schritt, dass die meisten Menschen solche Gedanken gar nicht kennen. Ihre Innen- und ihre Außenwahrnehmung stimmen überein. Etwas, was mir komplett fremd ist.

- - - *August 2010*

Ich bin beim Bäcker und kaufe Brot. Neben mir wartet eine junge Frau mit Kinderwagen, die mit ihrem größeren Kind Hochdeutsch spricht. Ich bezahle, gehe an ihr vorbei zum Ausgang und höre, wie sie erstaunt sagt: »Ach, das war ja meine ehemalige Gynäkologin – Mensch, sieht der gut aus!«

- - - *November 2010*

Jeder Millimeter, den meine Brüste wachsen, ist für mich eine Katastrophe. Ich hasse diese Erhebungen, beobachte voller Sorge, wie meine Brustwarzen härter und größer werden. Oben ohne darf ich nicht mehr rumrennen, meine Hüften werden breiter, und schließlich kommen die Tage. Meine Mutter erklärt mir alles liebevoll. Aber ein Leben lang jeden Monat diese Blutung ertragen zu müssen, ist unvorstellbar.

Mit der Pubertät verschwindet meine Unbeschwertheit. Es ist ein bitteres Erwachen, alles wird schwierig und kompliziert. Ich fühle, welch drastische Wende mein Leben nimmt. Und falle immer tiefer, ins Bodenlose, verstehe die Welt immer weniger, ziehe mich völlig zurück.

Meine Eltern wissen nicht mehr ein noch aus. Schließlich bringen sie mich zum Psychiater. Er verschreibt mir Antidepressiva. Doch niemandem ist klar, weshalb ich – dieses aufgeweckte, fröhliche Mädchen – plötzlich in eine solche Lebenskrise falle. Meinen inneren Kampf, meine Verzweiflung erahnt niemand.

- - - *1977*

Unter der Hormontherapie verliert mein Körper seine Rundungen, und er wird wieder sehnig wie in der Kindheit. Es ist, wie wenn er damals in die falsche Form gedrückt worden wäre. Durch die Veränderung kehrt ein altbekanntes, lang verschollenes Körpergefühl zurück.

Ich bin bei mir, merke, dass ich die Mitmenschen näher an mich heranlassen kann, und fühle mich in der Begegnung sicher. Ich muss mich nicht mehr dauernd von außen beobachten und korrigieren; mich nicht schämen für meine Bewegungen, meine Kleidervorlieben oder meine Frisur. So rumzulaufen und zu wissen, das passt eigentlich nicht zum Frausein, war mir früher peinlich.

- - - *Oktober 2010*

An einem Ärzte-Symposium in Zürich geschieht das erste überraschende Passing* als Mann. Beim Eingang muss ich mich registrieren lassen. Ich begrüße die Dame und nenne meinen Nachnamen. Nach längerem Suchen sagt sie, mich nicht finden zu können. Sie schüttelt den Kopf. Ob ich denn schon bezahlt hätte. – »Ja, hier ist mein Bestätigungsschreiben.« – Sie zeigt mir die Liste und meint, sie habe hier nur eine Doktor Bettina Flütsch. »Das ist korrekt«, sage ich.

- - - *Mai 2010*

Obwohl es aufregend ist, sich selbst einen neuen Namen zu geben, empfinde ich es auch als Herausforderung. Klar, Bettina hat nie wirklich gepasst. Doch will ich auch keinen Fantasie- oder Modenamen. Der Name muss zu meinem Alter passen. Martin, Christian, Matthias und Niklaus kommen in die engere Wahl. Es ist der 6. Dezember, und mir wird bewusst, dass heute Nikolaustag ist. Nik, die Abkürzung von Niklaus, gefällt mir sehr gut.

Wenig später fällt mir ein, dass der große Astronom Kopernikus auch Nikolaus mit Vornamen hieß. Mit der kopernikanischen Wende, einem Paradigmawechsel zu Beginn der Neuzeit, entthronte er die Erde als Zentrum der Welt und stellte neu die Sonne in den Mittelpunkt. Im übertragenen Sinn stehe ich heute in meinem Leben auch vor einer »kopernikanischen Wende«.

- - - Dezember 2009

Wie gut, dass ich seit einigen Monaten ein Tagebuch führe! Fast täglich notiere ich Gedanken, Gefühle, Sorgen, Ängste, Freude. Auch knipse ich ab und zu ein Foto, um die körperliche Veränderung festzuhalten. So kann ich mein Erleben später wieder aufgreifen. Ich erkenne, dass neben Vorfreude auch immer wieder Phasen des Zweifels kommen. Es ist wichtig, diese Gedanken zuzulassen und sich wieder und wieder mit ihnen auseinanderzusetzen. Selbst die Passagen meines Haderns nochmals durchzulesen, tut gut. Sie zeigen mir, dass ich ernsthaft am Thema dran bin, mir nichts vormache und keine Scheuklappen habe.

Schritt für Schritt kann ich nachlesen, wie ich mich wandle und wie ich mich fühle. Und ich kann Erfreuliches feststellen: Die körperliche Veränderung tritt ein, meine wahre Seele setzt sich durch. Meine Hände sind sehniger geworden, die Adern zeichnen sich deutlicher ab als früher. Die Muskelmasse nimmt zu. Das Gesicht wirkt kantiger.

Eine zweite Pubertät in meinem Alter ist gewöhnungsbedürftig – für mich und meine Umwelt. Das ist nicht immer ein Zuckerschlecken. Aber ich bin auf gutem Kurs.

- - - *Juli 2010*

Bereits als Kind entwickeln Transmenschen Überlebensstrategien, um das Gefühl der Zerrissenheit zwischen Bewusstsein und Körper zu kompensieren. Sport, schulische Leistung, Suchtmittel, Drogen oder Essstörungen sind weit bekannte Hilfsmittel zur Linderung dieses Gefühls. Viele Transmenschen versuchen aber auch, ihre Wahrnehmung umzudeuten: männliche Frau, weiblicher Mann, homosexuelle Gefühle.

Lange glaubte ich, alle Lesben spürten dieselbe innere Zerrissenheit, diese Gewissheit, im falschen Geschlecht geboren zu sein.

- - - *März 2011*

Ich habe gerade den Gemeinschaftsvertrag meiner Praxis gekündigt. Nun melden sich bohrende Zweifel. Sie sind ätzend. Sie plagen mich. Was, wenn ich mich doch nicht zum Mann anpassen lasse? Wenn ich den Plan aufgebe, mit dem Spiel fortfahre, mich weiterhin als Frau ausgebe? Schminke, Ohrringe, BH – das ganze Programm. In der Freizeit mache ich, was ich will. Niemand wird von meinem Geheimnis erfahren. Ich verletze und irritiere niemanden, alle mögen mich, und keiner zerreißt sich das Maul über mich; ich bin eine attraktive, bescheidene Frau, die sportlich aktiv ins Alter übergeht; meine Partnerin hat ihre lesbische Beziehung, meine Mutter muss die Nachbarn nicht informieren...

Aber – ich will nicht in der Hülle einer Frau sterben!

- - - *Januar 2010*

»Das Verrückte am Transsexualismus ist, dass die Transsexuellen nicht verrückt sind.« Diese Aussage stammt von Volkmar Sigusch, einem berühmten deutschen Sexualmediziner, der in seinem Buch »Geschlechtswechsel« angenehm kritisch mit der Entwicklung im Umgang mit Transidentität in der Psychiatrie und der somatischen Medizin umgeht. Das Buch hilft mir, mein Urteil über die »bösen« Psychoanalytiker etwas zu korrigieren.

Worin besteht nun das Problem der Transidentität, wenn es sich dabei nicht um »Verrücktheit« und »Krankheit« handelt? Wir machen uns stark dafür, dass Transidentität eine natürliche Variante der Geschlechtsidentität ist. So weit, so gut. Der Weg der Transition ins neue Körpergeschlecht gleicht einem Spießrutenlauf. Wir müssen psychisch krankgeschrieben werden, damit wir in den Genuss einer Behandlung kommen. Den Therapeuten und Gutachtern sind wir auf Gedeih und Verderb ausgesetzt. Das ist eine unglückliche Liaison, denn wir müssen uns so verhalten, dass wir in das schulmedizinische Schema »Transidentität« passen. Das ging sogar so weit, dass Transmenschen begannen, sich selbst etwas vorzumachen. Unter dem medizinischen Druck, ein »richtiger« Transmensch zu sein, ließen sich manche zu körperlichen Anpassungen hinreißen, die sie eigentlich gar nicht wollten. Das war vor allem in den Siebziger- und Achtzigerjahren stark verbreitet. Als richtiger Transmensch galt nur, wer bereit war, sämtliche geschlechtsangleichenden Operationen über sich ergehen zu lassen. Die Medizin duldete keine geschlechtliche Uneindeutigkeit.

Obwohl die moderne Psychiatrie uns als seelisch gesunde Individuen anerkennt, bedürfen wir immer noch einer Diagnose mit Krankheitswert. Damit verlieren wir nicht nur den Status eines gesunden Menschen, sondern gleichzeitig auch noch das Recht auf Selbstbestimmung. Um all dies nach einem jahrzehntelangen inneren Kampf durchzustehen, müssen Transmenschen über psychische Stabilität, eine große innere Stärke und hohe soziale Belastbarkeit verfügen.

Sophinette Becker, eine unbeirrbare Psychoanalytikerin aus Deutschland, die sich ausgiebig mit dem Thema Transidentität beschäftigt und dementsprechend als Expertin auf diesem Gebiet gilt, ist allerdings nach wie vor der Überzeugung, Transmenschen hätten eine frühkindliche Entwicklungsstörung erfahren; um zu überleben, müssten sie ihre Transidentität als Kompensation und Überlebensstrategie ausleben. Im Fachjargon wird dieser Prozess mit »narzisstischer Plombe« umschrieben.

Gemäß Beckers Theorie haben Mann-zu-Frau-Transidente Probleme mit der Angst, die Mutter zu verlieren, sodass sie zu einer unbewussten Angleichung an das weibliche Geschlecht tendieren; und Frau-zu-Mann-Transidente haben Probleme, sich gegenüber der Mutter abzugrenzen, und müssen deshalb ins männliche Geschlecht flüchten. Sophinette Beckers Argumentation gipfelt in der Aussage, Transidentität stelle eine Sonderform der Borderline-Persönlichkeitsstörung dar, weil hier die sonst typischen Borderline-Symptome meist durchweg fehlten.

Es ist höchste Zeit, dafür einzustehen und zu zeigen, dass einem von der Norm abweichenden menschlichen Verhalten nicht unbedingt eine psychische Störung zugrunde liegt. Und dass ein Großteil des Leidens, das diese Menschen erfahren, nicht durch ihre Andersartigkeit bedingt ist, sondern durch die krankhafte Reaktion der Umwelt.

- - - *Dezember 2010*

Er hat es super gemacht: sich als Bettina Flütsch zu verabschieden, eine Weile in einem anderen Spital zu arbeiten und dann als Niklaus Flütsch wieder zurückzukommen. Diesen Weg zu gehen, ist schwer. Wir leben hier wie in einem Dorf. Informationen und Gerüchte verbreiten sich wie ein Lauffeuer. Dass er eine Pause einlegte, war für seine Patientinnen das Beste, was er tun konnte. Er hat es geschafft, niemanden vor den Kopf zu stoßen.

Ich bin so froh, dass er wieder da ist! Mein Vertrauen ist ungetrübt, es gab keinen Bruch. An seiner Art hat sich ja nichts verändert, da ist für mich nichts Neues oder Fremdes. Früher war es einfach Frau Doktor Flütsch, von der ich mich gut betreut fühlte. Und jetzt ist es Herr Doktor Flütsch.

- - -

Erste Logopädie-Stunde. Die Therapeutin misst meinen Stimmumfang. Es tut mir gut, zu hören, dass sich meine Sprechstimme absolut im männlichen Bereich befindet. Das gibt mir einen Kick: Welches Glück, eine richtig männliche Stimme zu haben, mit der ich mich sicher fühle! Doch die Therapeutin meint, ich müsse daran arbeiten, meine Resonanz auszubauen. Vor allem die tiefen Tonlagen muss ich üben.

Ich habe ein Lieblingsgedicht, »Engellieder« von Rainer Maria Rilke. In regelmäßigen Abständen spreche ich die ersten beiden Strophen auf den iPod. Ich will mitverfolgen können, wie meine Stimme tiefer wird.

»Ich ließ meinen Engel lange nicht los,
und er verarmte in meinen Armen
und wurde klein, und ich wurde groß:
und auf einmal war ich das Erbarmen,
und er eine zitternde Bitte bloß.

Da hab ich ihm seinen Himmel gegeben, –
und er ließ mir das Nahe, daraus er entschwand;
er lernte das Schweben, ich lernte das Leben,
und wir haben langsam einander erkannt...«

- - - *November 2010*

Ich fiel aus allen Wolken. Bettina war doch meine Traumfrau – und nun wollte sie nicht mehr. Für mich ging die Welt unter.
  Es kam mir vor, als wäre plötzlich ein anderer Mensch an meiner Seite. Gespräche waren nicht mehr möglich. Ich saß vor einer stummen Mauer. Bettina redete nicht mehr, und ich hielt das nicht mehr aus. Im Motel in der Nähe von Bodega, wo Hitchcocks »Die Vögel« gedreht wurde, lag ich nächtelang wach; eines Morgens um zwei lief ich zur nächsten Telefonzelle und buchte unseren Rückflug. Ich wollte nach Hause, diese gemeinsamen Ferien taten einfach nur noch weh.
  Die Fehler, die unserer Trennung zugrunde lagen, suchte ich bei mir. Wo denn sonst? Alle hatten von ihr geschwärmt, die ganze Verwandtschaft, alle Freunde. So eine schöne Frau! So ein Goldstück!
  Viele Jahre später, 2010, schrieb sie mir einen Brief. Jeder Satz war eine Antwort auf meine tausend Fragen:

> Der Grund, dass ich mich lange nicht gemeldet habe, liegt darin, dass ich psychisch in einer großen Krise stecke. Eine alte Geschichte, die mich seit meiner Kindheit begleitet, ist wieder hochgekommen, und ich habe gemerkt, dass ich diese nicht mein Leben lang einfach verdrängen kann.

Unterschrieben war der mehrseitige Brief mit Bettina-Niklaus.
  Bettina-Niklaus hatte Fotos beigelegt, auf denen sie eine Krawatte trug und sich einen Schnurrbart angeklebt hatte. Das bedeutete, dass sie in meiner Abwesenheit in die Rolle eines Mannes geschlüpft war. Viele Nächte träumte ich daraufhin von einer Bettina mit Bart.

- - -

Die Schlafstörungen sind immer noch massiv. Aber die Ursache hat sich geändert. Während ich über lange Phasen hinweg nicht schlafen konnte, weil sich mein Leben nicht stimmig anfühlte, kann ich jetzt nicht schlafen vor lauter Aufregung über die Zeit, die vor mir liegt. Ich habe das Gefühl, als ob ich nach einer langen Reise endlich zu Hause ankäme. Ein Zuhause, das ich zwar noch gar nicht kenne, das ich aber immer stärker erahnen kann.

Mit Testosteron im Blut spüre ich, wie mein Körper gedeiht. Endlich beginne ich mich in meinem Körper wieder auszudehnen und heimisch zu fühlen. Ich genieße die ersten Anzeichen meiner körperlichen Veränderung. So, wie Jugendliche sich vermutlich über das Frau- oder Mannwerden freuen. Dieses Gefühl hatte ich als Mädchen ja nie. Im Gegenteil. Die ganze damalige Verwandlung meines Körpers war eine riesengroße Enttäuschung, ein Stress, ein Verlust und Frust: Verlust des kindlich androgynen Körpers und Frust, dass ich meinen weiblichen Körper gar nicht brauchen konnte und wollte. Ich wollte keine weiblichen Geschlechtsmerkmale, ich wollte nie von der Welt als Frau gesehen werden. Aber damals sah ich keinen Ausweg. Die Idee einer Geschlechtsanpassung schien mir lange so absurd wie etwa die Vorstellung, in der Schweiz erfolgreich nach Erdöl zu bohren.

- - - *Mai 2010*

Eines Tages fand ich beim Wäschemachen einen Zettel in Bettinas Hosentasche. Der Liebesbrief einer Frau. Bettina war also lesbisch! Ich stapfte die Treppe hoch ins Zimmer unseres Sohnes und zeterte: »Jetzt fehlt nur noch, dass du schwul bist, dann ist der Mist geführt!« Ich war richtig wütend, doch ich hatte Hemmungen, direkt mit Bettina zu sprechen, also bekam ihr Bruder sein Fett ab.

Über das Thema aber wollte ich mehr wissen. Im Priesterseminar meldete ich mich für einen Kurs über Depression, Magersucht und Homosexualität an. Diese Themen waren bei uns ja aktuell. Der Therapeutin brachte ich einige von Bettinas Zeichnungen mit. Sie malte in jener Zeit viel, da hat sie eine große Begabung. Auf einem farblich sehr intensiven Bild kauert eine Frau unter einem Baum. Die Therapeutin sagte, so etwas Ausdrucksstarkes habe sie noch nie gesehen. Sie wollte das Bild behalten. Ich schenkte es ihr.

In dieser Zeit dachte ich oft, ich müsste mich zu Bettina ins Bett legen, sie in die Arme nehmen, sie halten und beschützen. Aber Bettina war schon erwachsen, ich hatte Hemmungen.

- - -

Bummel durch die Herrenläden, ich probiere dies und das und kaufe ein. Es ist wie Weihnachten! Zwei dunkle Hemden, eine schlichte Krawatte, ein feiner Mantel. Alles sitzt perfekt. Ich freue mich wie ein kleiner Junge. Endlich, endlich kann ich mir solche Kleider kaufen – ohne schlechtes Gewissen, ohne Gefühl, dass man das nicht macht, dass ich das nicht darf, dass das fehl am Platz ist. Ohne die Einkäufe verstecken zu müssen und die Kleider nur im Geheimen tragen zu können. Zu Hause angekommen, schlüpfe ich in eines der Hemden, knüpfe die Krawatte. Ich sehe mich im Spiegel – und muss weinen. Wie oft habe ich mir genau das gewünscht. Eine Krawatte zu tragen, ein Gilet anzuziehen. Jetzt ist es offiziell: Ich bin keine verkleidete Frau. Nein, da steht ein Mann.

- - - *Dezember 2010*

Seit einigen Wochen benutze ich im Fitnesszentrum die Männergarderobe. Das Umkleiden gestaltet sich zwar etwas umständlich, da mein Busen doch recht weiblich ist. Aber irgendwie geht es, vor allem, weil ich zu Hause dusche. Wenn ich meine Schuhe unter der Bank platziere, stelle ich voller Befriedigung fest: Es passt. Sie fügen sich zwischen den anderen Männerschuhen in Reih und Glied ein, als sei es schon immer so gewesen.

- - - *Oktober 2010*

Die Themen Bewusstsein und Ich-Identität sind für mich zentral. Ich beschäftige mich mit philosophischen Fragen, nicht zuletzt, um zu erforschen, weshalb ich mich nicht als Frau fühle. Dabei ist spannend, zu sehen, dass Philosophen interessante Erkenntnisse haben in Bezug auf die subjektive und objektive Beurteilung unseres Bewusstseins. Wie empfindet eine Fledermaus den Raum in der Nacht auf ihrem Flug? Darauf kann ich als Nichtfledermaus keine Antwort geben. Ebenso kann ich nicht beantworten, wie es sich anfühlt, eine Frau zu sein. Und obwohl ich die Gewissheit habe, keine Frau zu sein, gibt es keine Möglichkeit, zu erfahren, ob das, was ich wahrnehme, nun einer männlichen Identität entspricht.

- - - *November 2010*

Irgendwann äußerte Bettina in der Rotte, sie sei lesbisch. Das war nichts Besonderes und änderte nichts daran, dass wir uns nach wie vor beieinander unterhakten und uns sehr nahe waren.

- - -

Der Packer* gehört nun fest in die Hose. Es ist mir wichtig, dass mein Schritt ausgebeult ist. Und mein Binder drückt meine beiden Girls so flach, dass sie unter Hemden und Pullis nicht mehr erkennbar sind. Umso schwieriger ist es für mich, in der Praxis und der Frauenklinik noch in Frauenkleidern aufzutreten. Das schaffe ich fast nicht mehr. Ich habe die größte Abneigung dagegen, einen BH zu tragen, ziehe Schmuck nur an, damit ich offiziell noch als weiblich gelte. Am Abend kann ich es kaum erwarten, wieder in die Männerkleider zu wechseln. Und wenn ich im Laden an der Damen-Lingerie vorbeigehe, überfällt mich beim Anblick der Bustiers, der geblümten Höschen und der kunterbunten Spitzenunterwäsche ein beklemmendes Gefühl.

- - - *August 2010*

Meine derzeitige Partnerin lässt sich darauf ein, mit mir einmal die positiven Seiten meiner Wandlung anzuschauen. Sie meint, dass es für sie vielleicht auch von Nutzen sein könnte, sich mit ihren vermeintlichen männlichen Feindbildern auseinanderzusetzen. Sie ist der Ansicht, dass sie jetzt einen neuen Partner bekommt. Doch das stimmt so nicht für mich. Ich werde mich zwar verändern, aber im Grunde war ich schon immer männlich. Nur hat das bis vor kurzem niemand gesehen.

- - - *Januar 2010*

Ein eingeschriebener Brief an Herrn Niklaus Flütsch – das kann nur die Verfügung für meine Vornamensänderung sein. Da ich nicht zu Hause war, liegt nun ein gelber Abholschein im Briefkasten mit der Bitte, die Ausweispapiere mitzubringen. Halleluja, das kann ja heiter werden! Die Leute von der Behörde waren sehr korrekt und haben die Vornamensänderung gleich in der Anschrift wahr gemacht. Nur dachte wohl niemand daran, dass meine Ausweispapiere im Moment noch auf Bettina Flütsch lauten.

Neben der Identitätskarte packe ich sicherheitshalber noch das Schreiben meines Psychiaters ein und gehe in aller Frühe auf die Post. Ich will keinen Aufstand verursachen, und sollte es doch einen geben, möchte ich nicht, dass andere das mitbekommen. Die Dame am Schalter ist sehr freundlich. Sie will meinen Ausweis sehen und erklärt dann, leider gehe das so nicht, ich müsse einen persönlichen Ausweis mitbringen. Okay, okay, sage ich innerlich zu mir, ganz ruhig bleiben, und zu ihr gewandt erkläre ich: »Das ist mein persönlicher Ausweis, bitte lesen Sie doch freundlicherweise den Wisch des Psychiaters durch.« Da werden ihre Augen weit, sie entschuldigt sich und stottert, solche Situationen nur aus dem Fernsehen zu kennen.

Mit meiner rechtskräftigen Vornamensänderung verlasse ich die Post.

- - - *August 2010*

Ein erster Flirt. Dieses Schmunzeln der Blumenverkäuferin, ihr schräg gelegter Kopf, das kurze Schließen der Augen. Na ja, ich glaube, langsam darf ich meinen Charme ausleben. Ich freue mich auf die Zeit, wenn meine Stimme tiefer und sonorer klingt und ich mich ungezwungen mit allen als Mann unterhalten kann.

Täglich macht es mir mehr Freude, mich unter die Menschen zu mischen. Das ist ein neuer Zug. Früher war ich eher scheu. Jetzt aber kann ich es morgens kaum erwarten, mit anderen in Kontakt zu kommen und mich als Nik zu zeigen.

- - - *Juli 2010*

Ist Transidentität messbar? Kann sie rational erkannt werden? Darüber stolpere ich oft. Immer wieder versuche ich, mir selbst klarzumachen und zu erklären, warum ich so bin, wie ich bin. Ich suche nach Gründen, Ursachen, Beweisen – aber ich finde keine; da ist nur das Gefühl tief in mir drin, anders sein zu wollen, anders zu sein. Und genau das machte es so schwierig für mich; denn ich bin ein rational funktionierender Mensch.

Vielleicht ist aber genau dies die Lösung meines Dilemmas: zu akzeptieren, dass es keine Erklärung, keinen Beweis für meine Transidentität gibt. Und dass mir nichts anderes bleibt, als auf mein tiefstes innerstes Gefühl zu hören und fest darauf zu vertrauen.

- - - *Februar 2010*

Ich sitze im Zug, blicke an mir herunter, bin total entspannt. Mein Hemd, meine abgebundenen Girls, meine Hose, mein Packer, mein Schritt, meine Schuhe. Es kommt mir vor, als ob sich Ketten um meinen Körper lösten. In meinem Hirn sagt eine Stimme laut und deutlich: Du darfst das! Du darfst diese Kleider tragen, du darfst so sitzen, und du darfst dich so fühlen! Es ist, als ob ich unter einer warmen Dusche stünde und mein altes Ich, mein weibliches Ich, langsam von meiner Haut gewaschen würde. Ich könnte stundenlang duschen.

Ab und zu nehme ich den Packer mit ins Bett, setze ihn an seinen richtigen Ort und ziehe Boxershorts an. Wenn ich dann die Augen schließe, habe ich ein Gefühl, unten endlich wieder ganz zu sein. Als ob mir dieses Glied als Kleinkind amputiert worden wäre.

- - - *Mai 2010*

Aus meiner Zeit als Bettina vermisse ich nichts. Es gibt keinen Augenblick, in den ich mich zurücksehne. Und seit meiner Operation habe ich auch keine Sekunde meine Girls vermisst. Wenn mir mein Partner die Brust streichelt, merke ich, dass dort nichts mehr ist. Zum Glück. Aber das Gefühl, dass dort einmal etwas war, ist noch in meinem Körperschema drin. Das wird wohl noch eine Weile so bleiben.

Innerlich bin ich immer noch derselbe Mensch. Meine Persönlichkeit hat sich nicht verändert, und auch meine Innenperspektive ist immer noch dieselbe. Es ist also praktisch noch alles da, aber es steckt in einer anderen, endlich stimmigen Verpackung.

Wenn ich in den Spiegel schaue, sehe ich einen Bart, ein Gesicht mit männlichen Zügen. Die Weiblichkeit ist vollständig verschwunden, und das innerhalb von zwei Jahren. Welches Wunder!

- - - *April 2012*

Ich gebe mir große Mühe, eine Frau zu werden. Doch ich zerbreche fast daran. Erst im Internat lerne ich, mit mir selber fertigzuwerden und meinen Weg zu gehen. Ich weiß nun, dass mich Frauen sexuell anziehen. Und ich weiß, dass ich nicht mehr kumpelhaft mit den Jungs zusammen sein kann, weil die mich immer küssen wollen. Bin ich nun lesbisch? Ich habe darauf keine klare Antwort. Aber ich kenne keinen anderen Begriff dafür.

Also oute ich mich als Lesbe. Doch ich fühle mich ein wenig kindisch. Es kommt mir vor, als sei meine Sexualität in den Kinderschuhen stecken geblieben, als habe sie etwas Unfertiges und sei nicht ganz das, was ich tief in mir fühle. Aber ich kann mich mit meinem Outing ein bisschen aus meinem Rollenzwang lösen. Zumindest ist nun die Vorstellung vom Tisch, als heterosexuelle Frau durchs Leben gehen zu müssen. Und wenigstens kann ich nun unauffällig eine männliche Geschlechterrolle übernehmen.

- - - *1983*

Eines Abends sagte ich Bettina, dass ich in ihrer Hosentasche das Liebesbrieflein von ihrer Freundin gefunden hätte. Es war eine Feststellung. Ein Gespräch ergab sich nicht. Einige Stunden später ließ ich dann eine richtige Tirade los und hielt Bettina vor, sie wisse ja gar nicht, was sie verpasse.

Ich hätte ihr so sehr einen lieben, zärtlichen Mann gewünscht!

In all dieser Zeit nahm ich an Bettina nie etwas Männliches wahr. Sie war immer sehr exakt, gut in der Schule, super im Studium. Sie wollte immer und überall gewinnen. Verlor sie, hörte sie auf zu spielen. Dann gab es eine Zeit, in der wir nicht mehr viel Kontakt hatten. Ich bin keine Übermutter, ließ sie los, das ist bis heute so. Ich respektiere, wenn der andere Grenzen setzt.

- - -

Ab und zu würde ich gern mit Männern schlafen. Diese betrachten und behandeln mich aber immer als Frau, und das kann ich einfach nicht ertragen. Ich kann das Problem nur lösen, indem ich mich konsequent als Lesbe ausgebe. So lassen die Männer ab, zeigen kein Interesse mehr und verschwinden. Immer wieder suche ich zu Männern wenigstens eine kumpelhafte Beziehung. In Frauengestalt ist das für mich aber fast nicht möglich.

Die Vorstellung, ich könnte trans sein, ist völlig tabu. Ich habe ja die schlimme Erfahrung auf dem Coiffeurstuhl gemacht, dass dieser Gedanke absolut undenkbar ist. Diese Erfahrung hat sich in mir eingebrannt. So versuche ich, mich in der Lesbenszene zurechtzufinden, was nicht immer einfach ist. Ich habe außerordentlich Mühe mit dem Männerhass, der da rüberkommt, doch schließlich gelingt es mir, ihn auszublenden. Ich suche ja eine soziale Integration. Immer wieder treffe ich auf sehr männliche Lesben, doch ich kann mich mit ihrem Wesen nicht identifizieren.

Will ich aber in der Medizinerwelt ernst genommen werden, muss ich mich als Frau ausgeben, sonst werde ich als pubertierender Jüngling wahrgenommen. Beim Durchblättern von Erotikmagazinen faucht mich eine Kioskfrau einmal regelrecht an. »Hände weg, du bist ja noch keine achtzehn!« – Tatsächlich bin ich siebenundzwanzig und habe gerade mein Medizinstudium abgeschlossen.

- - - *1991*

Wenn ich heute mit Schwulen zusammentreffe, bin ich froh, nicht mehr als Frau wahrgenommen zu werden. Früher fühlte ich mich ausgeschlossen, weil ich dazugehören wollte, aber nicht durfte. Die schwule Welt hatte immer schon etwas Faszinierendes für mich. Es war eine Atmosphäre, in der ich mich wohlfühlte. Aber ich gehörte zu den Frauen und musste dort mitmachen, wollte ich nicht völlig isoliert dastehen.

- - - *Januar 2013*

Am 2. August sagen wir Ja und feiern mit allen Lieben und unseren Arbeitskollegen: ein strahlender, wunderschöner Tag. Tags darauf geht es in die Flitterwochen nach Istanbul. Das Gefühl, sein Mann zu sein und ihn zum Mann zu haben, ist das denkbar größte Glück. Mit Stolz tragen wir unsere Eheringe aus Gold und Eisen. Gold steht für das Dauerhafte, Eisen für das Wandelbare im Leben.

- - - *August 2013*

Manchmal wünsche ich mir, von einem Auto überfahren zu werden. Mir fehlen Kraft und Mut für das Bevorstehende. Dann wieder bekomme ich Angst bei der Vorstellung, irgendwohin zu fliegen, abzustürzen und meine Wandlung und die Zeit danach nicht mehr erleben zu können. Meinem Therapeuten erkläre ich, dass ich mich einerseits glücklich fühle, andererseits aber auch Angst habe und eine große Spannung mit mir herumtrage. Ich sage ihm, dass irgendwo in mir immer noch diese Stimme ist, die mir eintrichtert: Du darfst das nicht tun, das ist gegen Gott, das ist gegen die Natur.

Der Therapeut arbeitet systemisch. Ich muss mich meinen inneren Zweifeln stellen, wozu wir Kissen benützen. Irgendwann fliegt das Moralkissen in eine Ecke, und ich nehme ein anderes, auf dem ich Nikolaus Kopernikus sitzen sehe – meinen Namensgeber, der es ja auch fertigbrachte, die Weltordnung vor fünfhundert Jahren auf den Kopf zu stellen. Ich beschließe, Nikolaus zum Schutzpatron für die kopernikanische Wende in meinem Leben zu machen. Das ist plötzlich so sonnenklar, dass auch mein Therapeut von dieser Idee völlig begeistert ist: Kopernikus, der sich sowohl gegen die herrschende Wissenschaft wie auch gegen die Kirche auflehnte.

Meine Wende besagt: Nicht die Seele muss sich dem Körper anpassen, sondern der Körper der Seele.

Das wird zum alles entscheidenden Leitsatz.

- - - *Februar 2010*

Die Ferien gehen zu Ende, morgen beginnt wieder der Praxisalltag. Nach drei Wochen Entspannung muss ich erstmals wieder als Frau auftreten. Das fällt mir unendlich schwer. Ich habe mich so daran gewöhnt, als Mann in Erscheinung zu treten, und bin etwas nervös, da meine Stimme noch tiefer geworden ist. Vermutlich muss ich mir wieder etwas Neues einfallen lassen – so nach der Art: »Chronische Kehlkopf-Entzündung, viral bedingt, sorry, da kann man nichts machen.«

- - - *Juli 2010*

Sie war eine sehr gute Tochter, machte alles tipptopp. Es dauerte lange, bis ich realisierte, dass etwas nicht stimmte. Aber eines Tages, als ich sie im Garten sah, wurde mir plötzlich klar, wie mager sie war. Auf meine Frage, warum sie so abgenommen habe, sagte sie, sie wolle einfach dünn sein. Dass sie gegen ihre weiblichen Formen kämpfte, wurde mir erst später klar. Die Magersucht setzte ihr sehr zu, sie war psychisch schlecht zuwege. In dieser Zeit hängte sie sich unheimlich an mich und fragte mich vieles. Sie wollte zum Beispiel ganz genau wissen, wie ich ihre Geburt erlebt hätte und wie sie abgelaufen sei. Danach schrieb sie auf einen großen Zettel, sie wäre besser gar nicht zur Welt gekommen.

- - -

Besonders belastend ist alles, was mit Sexualität zu tun hat. In meinen Fantasien bin ich ein Mann, der mit einer Frau Sex hat. Anfänglich hatte ich Mühe, diese Fantasien zuzulassen, es schien mir allzu absurd: Eine feministisch sozialisierte Lesbe sieht sich im Bett als Mann mit Penis, lässt sich von Frauen vernaschen und penetriert sie mit großer Lust. Das löste massive Schuldgefühle aus. Inzwischen kann ich dazu stehen, aber ich traue mich nicht, diese Gedanken jemandem zu erzählen, und behalte sie tunlichst für mich.

- - - *1998*

Mit meiner Partnerin ist es extrem schwierig. Sie bombardiert mich mit Wie-geht-es-dir-Fragen und will jede meiner Regungen stundenlang analysieren. Immer wieder sprechen wir über meine sexuellen Fantasien. Ich erkläre ihr wieder und wieder, dass mir dank der Fantasien die Möglichkeit gegeben ist, mit meinem Körper, der keinen Penis hat und auch nie einen haben wird, befriedigenden Sex zu erleben.

Der fehlende Penis wird in meinem Leben immer ein wunder Punkt bleiben. Während es für mich klar ist, dass ich mir die Eierstöcke und die Gebärmutter entfernen lassen werde, kommt eine Genitaloperation für mich nicht infrage. Der chirurgisch konstruierte Penis könnte meine Erwartungen an ein voll funktionstüchtiges Glied nie erfüllen.

- - - *März 2010*

Die innere Anspannung wächst. Mein Leben driftet auseinander. Im Privatleben gebe ich mich immer männlicher, habe aber immer noch eine so hohe Stimme, dass sie mich beim Sprechen sofort verrät. Ich sitze zwischen den Geschlechtern, ein Zustand, den ich hasse. Deshalb bin ich in den letzten Wochen auch privat wieder mit Schmuck und Schminke herumgelaufen. Ich konnte es nicht ertragen, dauernd angestarrt zu werden. Herrgott nochmal, ich will als das erkannt werden, was ich bin!

- - - *März 2010*

Wie naiv! Ich glaube, dass alle Lesben eigentlich Männer sein wollen. Natürlich merke ich, dass da etwas nicht stimmt und dass ich mit meiner Gewissheit, mich als Mann zu fühlen, ziemlich allein dastehe. Mir wird auch klar, dass ich mich negativ exponiere, würde ich von meiner innigsten Gewissheit erzählen. Ich würde sofort als Überläufer zum Feind stigmatisiert.

So beginnt ein neues Dilemma: Meine Identität stimmt nicht überein mit der Identität einer Lesbe. Ich schweige aber tunlichst, beiße mir auf die Zunge und thematisiere das nicht; vielmehr will ich sozial mit dabei sein, mich in dieser Nische auffangen können und irgendwo im Feminismus meinen Platz finden. Ich bin heilfroh, in meiner Andersartigkeit wenigstens einen Hafen zu haben. Der Preis für diesen Hafen aber ist, mein Innerstes nicht zu offenbaren und es sorgsam versteckt zu halten.

- - - *1984*

Der einzige wunde Punkt ist, dass Nik zwischen den Beinen nie diese wahnsinnige Kraft spüren wird, die ein Mann spüren kann. Von meiner Seite her kann ich nur sagen, dass ich sehr hoffe, dass er sich nie operieren lassen wird. Ich liebe ihn genau so, wie er ist, versuche ihm in unserer Ehe ganz viel Bestätigung zu geben, und habe null Zweifel an der physischen Konstellation, wie sie zwischen uns ist. Allerdings habe ich allergrößtes Verständnis, wenn er sich schwertut damit, nie ein Pissoir benützen zu können.

- - -

Trans-Tagung in München. Es ist eine tolle Bereicherung, mit so vielen Transmännern zusammenzukommen, zu reden, zu lachen und Erfahrungen auszutauschen. Das gibt mir Kraft und auch neue Impulse, wie ich mit meinem Leben umgehen kann. Langsam wird mir auch klar, dass ich gar nicht unbedingt als Heteromann leben muss.

- - - *Mai 2010*

Wir haben uns getroffen, und es war einfach. Ja, es war einfach! Es war sofort klar, dass wir zusammengehören. In mir geschah etwas, das ich kaum nachvollziehen und nur schwer beschreiben kann. Es war keine Verliebtheit im eigentlichen Sinn, keine Faszination des Anderen, Besonderen, nein, es war ein Nach-Hause-Kommen.

Diese große Ruhe, die sich in mir ausbreitete. Ich hatte so lange gekämpft. Wenn ich mit Frauen zusammen war, stimmte es für mich nicht; wenn ich mit Männern zusammen war, stimmte es auch nicht. In gewisser Hinsicht bin auch ich ein Transmensch, weil ich immer wieder versucht hatte, mich in Rollen hineinzuzwängen, die mir nicht entsprachen. In den Beziehungen mit Frauen war ich oft der Softie, in Beziehungen mit Männern eher der Macho.

Weil ich nicht bisexuell leben wollte, entschied ich mich schließlich für ein schwules Leben. Und ich bat den Herrgott, mir ein Zeichen zu schicken, sollte ich damit falsch liegen.

Viele Jahre lebte ich damals schon in Neuseeland und wollte nun heim in die Schweiz. Als ich mit Freunden meinen Abschied feierte, legten wir Tarot-Karten. Ich zog eine Beziehungskarte, nach der ich meinen perfekten Partner daran erkennen sollte, dass ich in seiner Gegenwart schusselig würde und vollkommen neben meinen Schuhen stünde. Das Testfeld war für mich eindeutig die Küche. Ich koche fürs Leben gern und glaube, es auch einigermaßen gut zu können. Zurück in der Schweiz, traf ich auf einen ersten neuen Partner, kochte für ihn – es gelang wunderbar. Ich traf einen weiteren Mann, bekochte auch ihn – wieder klappte alles bestens. Das einzige Mal, als es in der Küche total danebenging, war, als ich Nik bekochte. Die Kontrolle entglitt mir komplett. Die Maroni-Nudeln zerfielen und zerfransten. Und selbst das Wasser schien anzubrennen.

- - -

Wir gehen auf eine Skitour ins Wallis. Ich beschließe, nicht als Bettina aufzutreten, und spreche mich mit meiner Partnerin ab, wie ich es der Gruppe mitteile. Relativ locker stelle ich mich als Niklaus vor. Um jeglicher Irritation zuvorzukommen, oute ich mich umgehend als trans und bitte darum, mit Nik angesprochen zu werden. Das wirkt. Ich kann als Nik mit auf die Tour gehen. Zum ersten Mal, wunderbar!

Dann aber wieder ein Tag in der Praxis, an dem ich von morgens bis abends leide. Ich kämpfe mit einer Flut negativer Gedanken. Die Rolle als Frau spiele ich nur noch in der Praxis und der Klinik. Sie ist mir einerseits so vertraut und andererseits so zuwider geworden. Seitdem ich mein wahres Gesicht im Spiegel entdecke, bekomme ich Sehnsucht danach, es überall zu zeigen.

- - - *März 2010*

Mit der Zeit fühle ich mich unter Lesben recht wohl. Das hängt vermutlich damit zusammen, dass ich dort das männliche Rollenmodell ausleben kann, dass ich mich männlich anziehen kann und dass das niemand seltsam findet. Zumindest äußerlich habe ich unter Lesben meinen Freiraum. Und ich weiß, dass diese Frauen mich potenziell als Partnerin auswählen. Ich treffe auf viele Frauen, die männliche Seiten haben wie ich, engagiere mich in der feministischen Politik, wehre mich gegen die Ungerechtigkeiten gegenüber Frauen – vielleicht sogar noch heftiger, weil ich mich in meiner Freiheit doppelt eingeschränkt fühle.

- - - *1984*

Zwischen Nik und mir gibt es viele Parallelen. Der große Unterschied aber liegt darin, dass ich meinen Körper nicht verändern musste und mich als Mann immer wohlfühlte. Und apropos weiblich oder männlich: Zu Hause ergänzen wir uns sehr gut; es ist für viele ersichtlich, dass ich eher das Hausmütterchen bin als Nik. Die Definition unserer weiblichen und männlichen Seiten ist für beide sehr fließend. Ich könnte mir keinen geeigneteren Partner als Nik vorstellen. Es geht bei uns eben stark um die Frage: Wer bin ich? Was entspricht mir wirklich?

Ich spürte bei Nik sofort, dass er seinen Weg innerlich längst gemacht hatte und ein wahrer Marathon hinter ihm lag, bevor er sich zur Transition entschieden hatte. In ihm liegt eine ganz große Reife, eine Tiefe, eine Sicherheit, die wenige Fragen offen lässt. Wir beide haben viele Erfahrungen gesammelt, und Kompromisse gibt es in unserer Beziehung keine. Wir versuchen immer wieder gern und mit Liebe, einander so anzunehmen, wie wir sind, um nicht mit den eigenen Projektionen und Wunschvorstellungen den Partner zu verbiegen.

- - -

Hormone werde ich bis an mein Lebensende nehmen müssen, mein Körper wird nie die »richtigen« produzieren. Sie beeinflussen den Haar- und Bartwuchs, das Vergrößern der Muskeln, den Stimmbruch, einen anderen Aufbau des Gewebes. Meine zweite, lang ersehnte Pubertät wird spätestens nach fünf Jahren abgeschlossen sein; ich erlebe die sich normalerweise über eine lange Periode erstreckende Vermännlichung so quasi im Zeitraffer.

- - - *Januar 2012*

Über zwanzig Jahre lang kämpfe ich gegen meinen inneren Wunsch einer Anpassung, weil ich denke, das körperliche Resultat wäre für mich unerträglich. Jahrelang bin ich auf der Suche. Ich suche nach Frauen, denen es ähnlich geht wie mir. Ich suche eine Verbündete, eine Seelenverwandte, jemand, der mir zeigen kann, wie ich als Frau durchs Leben steuern und auf dieser Welt zurechtkommen könnte. Eine meiner Freundinnen zeigt mir, wie starke Frauen auftreten, dass man sich als Frau sportlich elegant kleiden kann und wie man dezent Lippenstift aufträgt. Dennoch finde ich nicht zu mir selber. Bei einer anderen Freundin sind es die Gesichtszüge, die mir suggerieren, wir könnten Verbündete sein. Auch hier wird bald klar, dass sich unsere Charaktere grundlegend unterscheiden. Bei einer weiteren Freundin glaube ich, dass wir uns durch den gemeinsamen Beruf nahestehen. Doch so sehr wir uns gernhaben: Sie ist rundum Frau.

Schließlich finde ich eine neue Partnerin; ihre Art fasziniert mich. Ich glaube wirklich, endlich auf eine andere transidente Person gestoßen zu sein, die wie ich versucht, mit ihrer inneren Männlichkeit zurechtzukommen. Doch ein weiteres Mal die Ernüchterung: Auch ihre Seele erscheint mir weiblich-fremd. Ich bin frustriert und erschöpft und merke, dass ich diesen Kampf nie gewinnen werde. Diese innere Unstimmigkeit, die wie ein leises Magenbrennen immer präsent ist, hindert mich im Endeffekt, glücklich zu sein.

Dennoch schreckt mich die Vorstellung ab, bei einer Geschlechtsanpassung meinen unversehrten Körper zu verlieren. Die Integrität meines stofflichen Körpers aufzugeben, ist für mich ethisch unvorstellbar. Ich kämpfe bis zur Erschöpfung.

- - - 2008

In meinen ernsthaften, lesbischen Beziehungen wünsche ich mir insgeheim eine Partnerschaft wie zwischen Schwulen. Ihre spezielle Paardynamik und der Umgang mit Sex faszinieren mich und kommen mir in meiner Vorstellung vertraut vor. Ja, ich sehne mich nach einem schwulen Umgang.

Mein Traum wäre, mit einer Frau ein »Männer-schwules« Leben zu führen. Ich suche nach starken, selbstbewussten und eigenständigen Frauen. Eine ist Anästhesistin und sportlich sehr aktiv, eine andere Berufsschlagzeugerin, eine ist Tauchlehrerin und eine andere Schreinerin. Aber meine Partnerinnen schütteln nur ungläubig den Kopf. Sie können meine Wünsche nicht nachvollziehen. Das zu leben, ist ihnen fremd.

- - - 2006

Nik ist meine große Liebe. Keine Sekunde habe ich Zweifel, mit einem Mann verheiratet zu sein, der zwar als biologische Frau zur Welt gekommen ist, sich aber immer als Mann fühlte und jahrelang lesbische Beziehungen geführt hat. Warum sollte ich? Ich liebe den Menschen und nicht das Geschlecht. Das befreit mich auch davon, für mich selbst definieren zu müssen, ob ich schwul, heterosexuell oder bisexuell bin. Alles, was zählt, ist das Wissen, zu wem ich gehöre: zu Nik.

- - -

Meine Partnerin ist zurzeit sehr aufgewühlt. Sie ist wütend und erzählt mir unter Tränen, wie schwer es ihr falle, sich fortan als Hetera zu sehen. Muss ich mich nun wirklich als Frauenverräter sehen? Bin ich tatsächlich übergelaufen zum Feind? Sie hat Kummer mit der auf sie zukommenden Rolle. Ich versuche, ihr zu erklären, dass sie gar nicht hetero wird; sie wird die Frau eines Transmannes. Aber sie ist der Ansicht, die Gesellschaft erkenne den Unterschied nicht. So werde sicherlich jeweils mir das Weinglas zur Degustation angeboten; es werde erwartet, dass ich ihr in den Mantel helfe und die Tür aufhalte, und in der Opernhausgarderobe würden mir die Kleidermarken gegeben.

Aber kann das nicht auch eine Herausforderung sein, genau diese Rollenklischees zu durchbrechen, der Hetero-Welt zu zeigen, dass es auch andere Verteilungen gibt?

- - - *Februar 2010*

Der Übergang von einer sehr männlichen Lesbe zu einem Transmann ist fließend. So ist es vermutlich auch kein Zufall, dass fast die Hälfte aller Transmänner eine lesbische Vergangenheit hat.

Viele Transmänner bleiben in der Lesbenszene »hängen«, manche ihr Leben lang. Auch ich kann mich in diese Szene zurückziehen, habe »Heimatgefühle«, die ich sonst nirgendwo finde, auch wenn mich die Ambivalenz gegenüber der Männerwelt stört. Aber ich habe dort tolle Freundinnen und lebe meine Partnerschaften. Ich fühle mich zu Frauen hingezogen. Dass ich dazwischen auch Intermezzi mit Männern habe, verwirrt mich. Das zeigt mir, dass meine Sexualität nicht auf ein bestimmtes Geschlecht gerichtet ist.

Doch auf die Dauer will ich keine Beziehung zu einem Mann führen. Eine solche würde mich in die Frauenrolle drängen. Und aus der will ich ja raus. Schwule Beziehungen faszinieren mich, doch als »Lesbe« wird mir der Zugang zu dieser Welt nicht leicht gemacht. Innerlich aber identifiziere ich mich mit Schwulen viel mehr als mit Lesben.

- - - *2001*

Da ist so viel Gemeinsames, ein tiefes Verständnis, unendliches Vertrauen, eine bisher unbekannte Offenheit, eine starke Resonanz. Uns verbinden ähnliche Erfahrungen: Wie ich vorwiegend Frauenbeziehungen und kurze Intermezzi mit Männern hatte, hatte er vorwiegend Männerbeziehungen und dazwischen Intermezzi mit Frauen. Und da gibt es auch so viele äußerliche Übereinstimmungen: Wir leben beide an der Endstation einer Buslinie, auf unseren Handys erklingt die gleiche Weckmelodie, wir haben identische Nachttischlämpchen, die nun rechts und links von unserem gemeinsamen Bett stehen.

- - - *Juni 2012*

Meine Vision ist, dass das Geschlecht auf juristisch-politischer Ebene abgeschafft wird. Jede Person soll selbst definieren können, ob sie männlich oder weiblich ist. Ich bin überzeugt, die Menschen würden sich freier fühlen, wenn sie innerhalb des Spektrums wählen könnten. Und ich glaube nicht, dass dies zu Problemen in Bezug auf die gefühlte Identität führen würde. Es würden sich sogar viele Probleme von selbst lösen: die ausschließliche Ehe zwischen Mann und Frau, geschlechterbedingte Ungerechtigkeiten beim Salär und Pensionsalter. Und schließlich würde auch das Adoptionsrecht für Elternteile gleichen Geschlechts möglich.

Mir geht es darum, die einengenden Definitionen aufzubrechen. Dass man in der Gesellschaft nur als Frau auftreten kann, wenn man keinen Penis hat, ist wie ein ungeschriebenes Gesetz. Das will ich hinterfragen. Und nachhaken: Wann ist eine Frau eine Frau? Wann ist ein Mann ein Mann? Die ehrlichste Antwort ist: Dann, wenn sich der Mensch selbst als Frau oder als Mann sieht und versteht.

- - - *November 2013*

Ich bin eingeladen, vor Transmännern und Transfrauen einen Vortrag zum Thema Operationen bei Transmännern zu halten. Das Publikum findet den Vortrag interessant, es entsteht eine lebhafte Diskussion. Am Ende kommen drei Transfrauen auf mich zu und wollen wissen, was denn der Beweggrund sei, dass ich mich so für das Thema engagiere. Zuerst verstehe ich nicht, worauf sie hinauswollen. Schließlich meint eine der Frauen, ich sei ja kein »Betroffener«. Es braucht einige Anläufe, um die drei zu überzeugen, dass auch ich trans bin – für mich ein schönes Kompliment, als Mann wahrgenommen zu werden.

- - - Februar 2011

Die Angst vor dem ersten Schritt der Wandlung bleibt. Ich könnte ja falsch liegen mit meinem Gefühl und es am Ende bereuen, wenn ich im Wunschgeschlecht angelangt bin. Und so beginne ich wieder von vorn, und der Teufelskreis schließt sich: Ich suche nach Beweisen, damit ich meine Entscheidung mit Fakten unterlegen kann; das geht aber eben nicht! Nun mischt sich meine Polizistenstimme ein und erklärt höhnisch: Siehst du, das ist eben alles Einbildung, kindliches Gehabe – werde mal endlich erwachsen!

Wie oft mich genau das plagt. Umso größer ist der Wunsch, diese Suche nach rationalem Verstehen endlich abzulegen.

- - - *Februar 2010*

Ich beschreibe kleine Karten mit kurzem Text und werfe sie anschließend in die Briefkästen. Die Mitbewohner in meinem Wohnblock müssen nun informiert sein. Eigentlich ist das alles sehr erleichternd für mich. Dennoch bedeutet es einmal mehr, voller Stress zu warten, wie die Nachbarschaft reagiert. Aber es führt kein Weg daran vorbei.

Kurze Zeit später finde ich einen Brief von der Nachbarin aus dem ersten Stockwerk in meinem Briefkasten.

Lieber Herr Flütsch

Ich danke Ihnen für Ihre Ehrlichkeit mit Ihrer Karte. Ich war im ersten Moment sehr überrascht, finde es jedoch äußerst bewundernswert, dass Sie den Mut und die Offenheit haben, zu Ihrem Wesen zu stehen: Und was ich noch viel bemerkenswerter finde, ist, so offen darüber zu sprechen. Wir haben Sie als unsere Nachbarin sehr geschätzt und werden Sie auch weiterhin als unseren Nachbarn sehr zu schätzen wissen.

Ihre Nachbarin »von unten«.

- - - August 2010

Der Feminismus mit seiner Kritik an der Bevorzugung des männlichen Geschlechts in der Gesellschaft verschafft mir etwas Trost. Das negativ geprägte Männerbild ist für mich der Rettungsanker. So kann ich meinen inneren Wunsch nach einem männlichen Körper lange Zeit erfolgreich unterdrücken, sind doch die Männer in dieser Welt verantwortlich für Krieg und Zerstörung; außerdem beuten sie die Frauen finanziell und sexuell aus. Wer will da noch freiwillig ein Mann sein!

Zudem passt das Gedankengut des Feminismus zu meiner Grundhaltung. Es stört mich beispielsweise massiv, dass man aufgrund des Geburtsgeschlechts Vor- oder Nachteile im Leben hat. Dass den Frauen gewisse Dinge vorenthalten werden, bekomme ich ja auch selbst zu spüren. So suche ich als Studentin eine Nachtarbeit, bekomme den Job bei der Post aber nicht, weil es ein Nachtarbeitsverbot für Frauen gibt. Ich finde schließlich, welch Wunder, einen Nacht-Job in der Pflege – als typische Frauenarbeit natürlich massiv unterbezahlt.

Eigentlich würde ich auch gern Militärdienst leisten und eine Waffe tragen. Meine einzige Option ist aber, in den Frauenhilfsdienst einzutreten. Nur schon dieses Wort! Und was würde mir da blühen? Einen Rock anzuziehen, ein Beret aufzusetzen und Brieftauben zu züchten.

- - - 1984

Die Liebesbeziehung zwischen meiner Partnerin und mir wird zunehmend schwierig. Mir wird immer klarer: Wer nicht selbst vom Phänomen Transidentität betroffen ist, kann weder nachvollziehen noch verstehen, was hier abläuft; wie das ist, endlich in den Körper hineinzuwachsen, den man sich immer gewünscht hat.

Zurzeit bin ich ein androgynes Wesen, das alle noch als Frau in Erinnerung haben. Bald aber wird sich dieses Bild ändern. Viele verstehen das nicht, auch meine Partnerin versteht mich nicht. Ich weiß auch nicht, ob sie mich jemals als Mann sehen kann und ob ich sie weiterhin als meine Partnerin sehen will, denn mein Äußeres wird mein Inneres festigen und umgekehrt. Ich werde männlich, und dies so offensichtlich, dass es möglicherweise für uns beide nicht mehr attraktiv ist, ein Liebespaar zu bleiben.

- - - *Mai 2010*

Mein Mann wäre ein toller Vater – und doch bin ich froh, dass wir keine Kinder haben.

Mit Mitte dreißig war das bei mir ein Thema. Viele meiner Kolleginnen wurden damals schwanger. Mich überkam die Vorstellung: Wenn ich schon einen weiblichen Körper habe, sollte ich ihn wenigstens fürs Kinderkriegen nutzen. Ich versuchte, mich als Mutter zu sehen, und hatte die Vision, auf diese Weise mit meinem Körper endlich in Einklang zu kommen.

In einer Zeit, in der ich keine feste Partnerin hatte, setzte ich eine Kontaktanzeige auf. Ich suchte einen schwulen Mann, mit dem ich Kinder zeugen könnte. Es meldete sich ein netter Typ. Wir versuchten es, aber es klappte nicht.

Oft versteht man das Leben erst im Nachhinein.

- - - *Juni 2013*

Transmenschen wird nachgesagt, dass sie die Dualität der Geschlechter zementieren und aufrechterhalten, weil ihnen die klare Zugehörigkeit zu einem Geschlecht so wichtig sei. Ich sehe es genau umgekehrt: Gerade Transmenschen brechen doch diese Vorstellung auf. Indem ich mich als Nichtfrau fühle und mich entscheide, in ein Zwitterstadium überzutreten, äußerlich zum Mann werde mit biologisch weiblichen Wurzeln, durchbreche ich die Geschlechternorm.

Die Dichotomie der Geschlechter* wird zweifellos auch von der Medizin definiert, die sich weigert, Zwischengeschlechter zuzulassen. Umso zentraler finde ich, dass es Transmenschen offensteht, wie weit sie in ihrer körperlichen Angleichung gehen möchten. Und dass es nicht als Verrat gilt, wenn Transmenschen sich nicht für den ganzen Weg der Wandlung entscheiden.

- - - *August 2010*

Als wir uns das erste Mal trafen, küssten wir uns zur Begrüßung gleich auf den Mund. Da war sofort diese unbeschreibliche Verbundenheit. Als ich Nik tief in die Augen blickte, war es mir, als würde ich einem Paar sanfter Frauenaugen begegnen, die mir aus einem markanten Männergesicht entgegensahen. Herrlich schön.

- - -

Eine magische Grenze ist überschritten. Ich will nicht mehr zurück. Aber ich brauche Mut, verdammt viel Mut, mich selbst zu werden. Ich muss lernen, auf die Meinung anderer zu verzichten. Sollen sie denken, was sie wollen! Ich bin kein Verbrecher und tue niemandem weh. Ich fasse meine Gefühle in Worte, formuliere sie, teile sie meinen Freunden mit.

An eine frühere Lebenspartnerin schreibe ich:

(…) Ich möchte dir von dieser Geschichte erzählen, die mich seit meiner Kindheit prägt und nun für mich so wichtig geworden ist, dass ich mein Leben ändern muss. Es ist eine Geschichte, die im Moment nur ausgewählte Menschen kennen, denn du wirst sehen, es ist nichts Alltägliches, was ich dir erzähle.
Lange Zeit habe ich es nicht gewagt, mit anderen Menschen darüber zu sprechen, denn es war für mich zu beschämend, und ich wusste, dass ich damit meine Umgebung irritieren würde. Nun aber habe ich gemerkt, dass ich so nicht länger weiterleben kann.
Seit meiner Kindheit wollte ich ein Bub und später ein Mann sein. Ich habe aber dieses Geheimnis nach einem enttäuschenden Ereignis mit vier Jahren tief in meinem Innersten verschlossen. Zwischendurch kam es mal wieder an die Oberfläche, ich versuchte aber immer, mich damit zu arrangieren, zu stark waren die Scham und die Angst, es jemandem mitzuteilen. Ich hatte ja auch eine glückliche Kindheit, meine Mutter akzeptierte, dass ich keine Röcke tragen wollte und mich lieber mit den Jungs draußen rumschlug. Während der Pubertät hatte ich dann zum Glück die Pfadi, in der ich mich jenseits der Geschlechterrollen verwirklichen konnte.

Mit der Pubertät kam dann meine erste Lebenskrise. Ich wurde magersüchtig, konnte aber dank professioneller Hilfe wieder ins normale Leben zurückfinden. Damals machte ich die Entdeckung, dass mich Frauen und nicht Männer sexuell anzogen. Als ich das Studium in Zürich begann, war die Lesbenszene von politisch aktiven Frauen geprägt. Ich merkte schnell, dass ich mit meinen männlichen Gefühlen hier nicht ganz am richtigen Platz war und dass ich dies auch nicht mitteilen konnte. Die Angst war zu groß, deswegen ausgegrenzt zu werden. Ich wollte den sozialen Halt, den ich in der Lesbenszene gefunden hatte, nicht einfach so aufs Spiel setzen.
Gleichzeitig erfuhr ich im Studium, Transidentität sei eine psychische Erkrankung, eine Persönlichkeitsstörung (…). So ließ ich dieses Thema einmal mehr fallen und schickte mich in mein Karma, dass ich mit dieser Inkongruenz zwischen meiner Seele und meinem Körper fertigwerden muss.
Ich hatte das Gefühl, dass ich in einem früheren Leben ein Mann gewesen war und etwas Schlimmes angestellt hatte und nun damit bestraft wurde, mein jetziges Leben im Körper einer Frau zu leben. Und ich glaubte, wenn ich mich genügend anstrengte, würde ich eines Tages in die Rolle als Frau reinwachsen – doch das gelang mir immer weniger. Mein Leben kommt mir vor wie ein Farbfoto, auf dem die Farben leicht verschoben sind; so stehe ich neben mir, neben meinem Körper.
Doch es kam anders. Plötzlich öffnete sich in mir ein großes Eisentor. Heraus kam eine riesige Flutwelle, die mich heftig durchschüttelte.
In Sachen Forschung ist sehr viel gegangen. So zum Beispiel, dass Transsexuelle nicht psychisch krank sind

und dass es auch keine Entwicklungsstörung ist, sondern dass das mentale Geschlecht angeboren ist und sich wahrscheinlich während der Embryonalzeit entwickelt. Man weiß heute auch, dass es in allen Kulturen dieser Erde eine kleine Anzahl von Menschen gibt, bei denen das mentale Geschlecht, aus welchem Grund auch immer, nicht mit dem körperlichen Geschlecht übereinstimmt.
So stehe ich nun am Anfang eines Weges, der sehr schwierig wird, mich aber zu mir selber führt. Wie weit ich diesen Weg gehen will, weiß ich noch nicht. Das Tor einfach wieder schließen kann ich aber nicht mehr. Es geht mir im Moment recht gut. Ich habe große Unterstützung in meinem Bekannten- und Freundeskreis, was ich auch brauchen kann. Mein Weg wird in der nächsten Zeit alles andere als einfach sein. Ich möchte alles in Ruhe angehen und meiner Umwelt Zeit geben, diese Geschichte etwas zu verdauen. So habe ich auch entschieden, dir diesen Brief zu schreiben, denn es ist mir wichtig, dass du meine Geschichte kennst. Gern würde ich mit dir auch persönlich darüber sprechen, wenn du möchtest.
Ich schicke dir einen ganz lieben Gruß!

Bettina-Niklaus

- - - Januar 2010

Liebe(r) Bettina/Niklaus!

Um ganz ehrlich zu sein, hat mich dein Brief kein bisschen erstaunt, vielmehr empfinde ich es als deine natürliche Entwicklung. Ich wusste nicht, wie sehr dich dieses Thema beschäftigt hat, hast du doch mir gegenüber nie ein Wort darüber erwähnt. Ich konnte auch nicht ahnen, wie sehr du wohl darunter gelitten haben musst, im falschen Körper gefangen zu sein. Ich habe dich als Bettina in unserer Partnerschaft geliebt und werde dich in Zukunft als Nik genauso weiterlieben wie bisher! Der äußere Rahmen spielt für mich keine Rolle, denn du bleibst ja die gleiche liebenswerte Person, die du immer warst.

- - - *Januar 2010*

Eine große Zeitspanne meines Lebens habe ich in der Lesbenszene verbracht. Sie war für mich eine Nische, in der ich gesellschaftskonform leben konnte. Damals war es für mich die einzige Lösung für meinen inneren Kampf. Ich versuchte ja immer wieder, als Frau einen Weg zu finden, schließlich war ich als Frau geboren.

Erst heute wird mir klar, welch fundamentalen Überlegungsfehler viele Feministinnen damals machten. Sie dachten in zwei Geschlechtskategorien: die Männer als Täter, die Frauen als Opfer. Ganz selten wagte es jemand, die Stimme zu erheben und die ketzerische These der Mittäterinnenschaft aufzustellen. Die Einteilung der Menschheit in zwei Geschlechter ist eben plakativ und verführerisch. Und ich ließ mich von diesem Gedankengut beeinflussen. Aber wie anders hätte ich denn überleben können? Ich war wirklich komplett allein mit meinem Problem. Immer wieder dachte ich, ich sei verrückt, geisteskrank und pervers. So betrog ich mich jahrelang selbst.

- - - *Dezember 2011*

Jeder Mensch soll frei entscheiden können, ob er einen Rollenwechsel vornehmen möchte, ob er sich körperlich behandeln lassen will, wie er heißt und ob er den Personenstand ändern will oder eben nicht. Weshalb braucht es dazu Gesetze?

Bis vor kurzem war es in der gesamten Schweiz üblich, dass ein Transmann nur dann den Geschlechtseintrag ändern konnte, wenn er nachweislich nicht mehr gebärfähig war. Man wollte also partout verhindern, dass ein Transmann ein Kind zur Welt brachte. Das hieß, dass sich diese Menschen Uterus und Eierstöcke entfernen lassen mussten. Umgekehrt war bei Transfrauen für eine Personenstandsänderung die Entfernung von Hoden und Penis nötig.

Zum Glück wurden in den letzten Jahren wichtige Entscheide in eine liberalere Richtung gefällt. Auch das deutsche Bundesgericht legte 2011 fest, dass Menschen ihren Geschlechtseintrag ändern können, ohne dass sie sich einer körperlichen Behandlung unterziehen müssen. Dennoch braucht es zwei unabhängige psychiatrische Gutachten. Dasselbe in der Schweiz: Auch hier muss die »Diagnose Transidentität« von einem psychiatrischen Gutachter bestätigt werden.

Die Personenstandsänderung muss ohne medizinische Begutachtung möglich werden, und diese Demütigungen müssen Vergangenheit werden!

- - - *Februar 2013*

Früher war ich Vater von zwei Töchtern und einem Sohn. Heute habe ich nicht nur zwei Söhne, sondern auch zwei Schwiegersöhne. Das war für mich in dem Prozess von Bettina zu Nik die größte Überraschung. Ich dachte, Nik suche seine Traumfrau, doch es sollte der Traummann werden.

- - -

Offenbar musste ich die Transition machen, damit ich jemanden kennen lerne, bei dem ich mich in meinem ganzen Wesen wahrgenommen fühle. Da ist diese große Verlässlichkeit, das Gefühl, dass wir uns wirklich verstehen und zutiefst lieben, das umfassende Wahrnehmen des Gegenübers. Früher kosteten mich Partnerschaften viel Energie. Nun fühle ich mich genährt, getragen, geborgen, rundum geliebt. Wir führen eine sehr ausgeglichene Beziehung. Wenn es um Bewegung und Sportliches geht, bin ich das Zugpferd, wenn es um Soziales oder auch Dinge wie Kochen geht, ist es mein künftiger Mann.

- - - *Oktober 2012*

In Nik habe ich den Menschen gefunden, bei dem ich Softie, Macho, Hausfrau, Hausmann, Kollege, Partner, einfach alles sein kann. Das hat mit seiner Toleranz zu tun und damit, dass wir gegenseitig im anderen eine große Resonanz finden. Wir waren beide auf der Suche nach unserer Identität. Dabei geht es nicht primär darum, sich über das Außen zu definieren, als vielmehr darum, den wahren Kern des Ichs ausleben zu können. Äußere Referenzpunkte, über die man sich bestätigt fühlt, sind aber wichtig. Nik ist für mich die Zusammenfassung all dessen, was ich suchte und nicht finden konnte.

- - -

Die freie Wahl der Geschlechtszugehörigkeit ist ein Menschenrecht. Unter dem Titel »Rechtsgleichheit« beschreibt Artikel 8 der Schweizer Bundesverfassung das allgemeine Diskriminierungsverbot. Artikel 1 legt den Boden: »Alle Menschen sind vor dem Gesetz gleich.« Und Artikel 2 präzisiert: »Niemand darf diskriminiert werden, namentlich nicht wegen der Herkunft, der Rasse, des Geschlechts, des Alters, der Sprache, der sozialen Stellung, der Lebensform, der religiösen, weltanschaulichen oder politischen Überzeugung oder wegen einer körperlichen, geistigen oder psychischen Behinderung.«

Somit gehört das Recht auf freie Wahl der Geschlechtszugehörigkeit genauso in die Kategorie des Rechts auf Selbstbestimmung wie beispielsweise das Recht auf Religionsfreiheit oder auf freie Meinungsäußerung. Dennoch wird uns Transmenschen dieses Recht vorenthalten. Das hängt damit zusammen, dass sich Gesellschaft und Wissenschaft nach wie vor von moralischen Vorstellungen der Geschlechtsdeterminierung leiten lassen – trotz der wissenschaftlichen Erkenntnisse, die der Transidentität eine biologische, angeborene Ursache zuschreiben.

Niemand sollte vor Gericht für geisteskrank erklärt werden können oder sich einer Zwangssterilisation unterziehen müssen, nur weil er seinen Vornamen oder einen Geschlechtseintrag korrigieren lassen möchte.

- - - *Mai 2013*

Manchmal frage ich mich, ob das nun alles verlorene Jahre waren, und zeitweise ärgert es mich, dass ich nicht schon früher mit der Metamorphose begonnen habe. Aber ich habe so lange gezögert, weil ich wusste, dass ich meinen weiblichen Körper, der zwar unversehrt war, aber eben nicht zu mir passte, in einen unfertigen, penislosen verwandeln würde. Lange Zeit war das keine Option für mich. Erst als ich merkte, dass dieser weibliche Körper langsam zu welken begann, als die Wechseljahre im Anzug waren, spürte ich, dass ich nichts mehr zu verlieren hatte. Der Preis wurde für mich bezahlbar.

- - - *Januar 2013*

Ich habe Mut gefasst und meiner Schwester einen Brief geschrieben. Es ist so, wie ich vermutete: Sie ist völlig überrascht, entsprechend überfordert, meint, ich könne doch eine männliche Rolle im Leben einnehmen, ohne mich gleich medizinisch anpassen zu müssen. Ihre größte Unsicherheit betrifft ihre Kinder. Sie befürchtet, sie könnten in der Schule und von ihren Freunden gehänselt werden, und sie kann sich nicht vorstellen, dass ihr Sohn es ohne Probleme schafft, aus seiner Patin einen Paten zu machen.

- - - *Februar 2010*

»Aus Frauen können Männer werden«, erzählt mein achtjähriger Patensohn einem Nachbarsmädchen. Dieses protestiert: »Sicher nicht, das geht doch gar nicht!« – »Doch, doch, das geht«, erwidert er, »ich weiß es ganz genau: Meine Patentante ist jetzt mein Patenonkel.«

Zu Weihnachten schenkt er mir ein selbst bemaltes Badetuch. Über einer strahlenden Sonne, einem Glückskleeblatt und einem Schmetterling stehen die drei Buchstaben NIK. Und obwohl es in der Familie meiner Schwester eigentlich nie Tischkärtchen gibt, bastelt mein Patensohn in der Zeit meiner Wandlung immer wieder welche. Er will meinen neuen Namen fixieren.

- - - *Dezember 2010*

Die Demütigung, mit der ich konfrontiert bin, ist zweifach: Zum einen habe ich mich mit der Rolle als Frau zu identifizieren, zum anderen werde ich gerade als Frau diskriminiert. Und als wäre das nicht genug, kommt nun noch der Vorwurf dazu, dass ich mich mit der Transition dieser Diskriminierung entziehe, statt als Frau dagegen anzukämpfen. Dieser Gedanke hatte mich jahrelang davon abgehalten, mich zu outen. Jetzt wird es heißen: Die lesbische Ärztin lässt sich kurzerhand medizinisch zum Mann anpassen, und schwups sind für sie alle Diskriminierungen vorbei.

Dabei suche ich gar nicht die Männerrolle. Der Punkt ist ein anderer: Ich erlebe mich nicht als Frau, habe es nie getan, und ich will mich nie mehr aufgrund meiner Geschlechtsmerkmale in etwas hineinzwingen lassen, was ich nicht bin und was nicht zu mir passt.

- - - *April 2010*

Wie ein Mantra wiederhole ich: Ich denke wie ein Mann, ich fühle wie ein Mann, ich bin ein Mann. Ich mag Männerkleider, ich mag Männergespräche, ich mag die Art, wie Männer denken und wie sie handeln. Ich habe ganz klar männliche Sexfantasien, ich möchte mich morgens rasieren, ich wünschte, ein Pissoir benützen zu können. Ich trage kurze Haare und würde sie gern noch kürzer haben. Ich bewege mich in der Gesellschaft gern so, dass die Leute erkennen können, dass ich ein Mann bin. Meine ganze Freizeitgestaltung ist männlich. Ich reise allein durch die USA, bin wochenlang solo mit dem Fahrrad unterwegs, zelte irgendwo, esse Dosenfutter. Ich lese keine sentimentalen Romane und mache einen Bogen um Liebeskomödien. Ich sehe gern Actionfilme und Thriller. Ich rauche gern Pfeife und trinke für mein Leben gern Bier und Whisky. Schottischen Whisky.

Warum also zögere ich immer wieder? Was macht die Geschlechtsanpassung zu etwas so Schwierigem? Die Angst vor dem Unbekannten und die Tatsache, dass das, was ich vor mir habe, bis zu einem bestimmten Punkt unumkehrbar ist.

Die Rolle als Frau passt zwar nicht, ist mir aber sehr vertraut. Ich weiß, wie ich mich verhalten und bewegen muss, ich kenne die Grenze, weiß, wie weit man gehen darf – das habe ich alles gelernt. Die Rolle als Mann in der Gesellschaft aber ist neu für mich; sie zu erlernen und zu verinnerlichen, ist eine Herausforderung. Geht es mir einfach zu wenig schlecht in meiner Frauenrolle, dass ich immer wieder zögere?

- - - *Februar 2010*

Meinen Eltern sagte ich zuerst nur, Nik sei mein neuer Partner. Bevor sie sich dann erstmals sahen, offenbarte ich ihnen, Nik sei trans. »Was ist denn das?«, *wollten sie wissen. – Beim ersten gemeinsamen Spaziergang sagte mein Vater plötzlich:* »Nik, darf ich dich etwas Persönliches fragen?« *– Ich befürchtete das Schlimmste. –* »Also: In unserer Familie ist es Brauch, dass wir uns zur Begrüßung in die Arme schließen und ans Herz drücken. Wäre das für dich auch in Ordnung?«

- - -

Bin ich ein Verräter am Feminismus? Habe ich mit meinem Vorgehen die Zwei-Geschlechter-Gesellschaft weiter zementiert? Habe ich zu wenig gekämpft? Hätte ich mir mehr Mühe geben sollen, als Frau zu leben? Diese Gedanken sind ätzend. Sie lähmen die Freude, meinen Weg gefunden zu haben. Sie machen mich unsicher, verursachen ein schlechtes Gewissen. Aber zweifellos gibt es auch eine Menge sehr positiver Effekte durch mein Outing und mein Passing. Ich lebe als Mann, der weiblich sozialisiert wurde. Damit kann ich zeigen, dass man auch als Mann weibliche Eigenschaften haben und sich sozial weiblich verhalten kann.

- - - Juni 2010

Meine Partnerin macht notgedrungen Nägel mit Köpfen. Sie bringt mir meine Sachen aus ihrer Wohnung und holt ihre Sachen bei mir ab. Sie wirkt sehr, sehr traurig, schaut mich lange an und streicht mir über meine Bartstoppeln. Dann beginnt sie zu weinen, und mir wird klar, dass sie eine Frau an ihrer Seite braucht und möchte. Sie wird mich nie als Mann akzeptieren. Sie würde in mir immer nach der gewünschten Frau suchen, die ich nicht bin, nie war.

- - - September 2010

Menschen wie ich kennen das Leben von zwei Seiten – von der weiblichen und von der männlichen. Ich hatte Einblick in Frauengarderoben und gehe heute in die Männerumkleide. Ich weiß, wie es in der Damentoilette zugeht und benütze heute das Herrenklo. Ich habe jahrelang meine Beine rasiert, heute rasiere ich mein Gesicht. Ich habe stundenlange Gespräche nur unter Frauen erlebt, habe erfahren, was es heißt, als Frau durch die Straßen zu gehen, sich für einen Job zu bewerben, Kleider, Unterwäsche, Schminksachen zu kaufen. Und heute bewege ich mich als Mann durch die Stadt, stehe mit Genugtuung in Herrenkleidergeschäften und schmunzle über die farbenfrohe Pracht der BHs in der Damenabteilung.

- - - *Dezember 2013*

Beim Wandern spüre ich meinen Körper jetzt mittig. Das Gehen ist ganz anders geworden. Knapp unterhalb meines Bauchnabels hat sich eine Balance eingestellt. Ich weiß nicht, ob es die neue Spannung in der Muskulatur ist, die mir dieses Gefühl gibt, oder das Zurückbinden der Brüste, jedenfalls fühle ich mich einfach wohl.

- - - *Juni 2010*

»Willst du?« Aus einer spontanen Laune heraus mache ich ihm einen Heiratsantrag. Er begleitet mich an eine etwas schräge alternative Trans-Tagung nach Berlin, und wir bekommen den Tipp, im Restaurant Reinstoff essen zu gehen. Ein neungängiges Menü wird aufgetischt, zu jedem Gang der passende Wein serviert. Es ist eine wunderbare Abfolge von Delikatessen, und wir sind in grandioser Stimmung. Ich weiß: Mit diesem Menschen möchte ich alt werden. Zurück in der Schweiz, rufe ich auf dem Zivilstandsamt an: »Wir möchten heiraten.« – »Gut, nennen Sie mir bitte Ihren Namen.« – »Niklaus Flütsch.« – »Und der Name Ihrer Partnerin?« – Ich nenne seinen Namen. – »Das geht bei uns nicht, zwei Männer können nicht heiraten, Sie können Ihre Partnerschaft nur registrieren lassen.« – »Doch, das wird gehen, denn mein amtliches Geschlecht ist weiblich.« – Kurze Pause, Klicken auf der Tastatur. – »Sie haben recht, das geht.«

Wir können richtig heiraten! Das verflixte »F« in meinem Reisepass erlaubt uns, gegenüber dem Staat als heterosexuelles Paar aufzutreten, obwohl wir optisch schon lange ein nettes Schwulenpaar abgeben.

- - - *Oktober 2012*

Mein großer Tag. Ich fahre frühmorgens nüchtern nach München zu einer Spezialistin. Das Narkosemittel katapultiert mich rasch in einen euphorischen Schlaf, aus dem ich später mit leichten Schmerzen und schwerer Brustbandage wieder erwache.

Endlich ist es geschehen. Das letzte und eigentlich auffälligste Teil meiner Weiblichkeit ist weg. Auch wenn es noch nicht perfekt ausschaut, weiß ich von der ersten Minute an, dass ich mich besser fühlen werde denn je. Ich sehe zu Beginn zwar aus wie eine Wöchnerin mit übervollen Milchdrüsen, aber das ist ja nur der Verband. Meine Hoffnung ist groß, dass ich künftig keinen Binder mehr tragen muss, dass ich den kommenden Sommer im T-Shirt verbringen und im Herbst dann die erste Korrekturoperation vornehmen lassen kann.

Wie wird es sein, die Luft auf der flachen Brust zu spüren?

Doch einmal mehr braucht es Geduld. Zu Beginn fühle ich mich wie ein verwundetes Tier. Die Operationsnarben schmerzen, und meine Brustwarzen sind extrem berührungsempfindlich. Gleichzeitig juckt die Haut in der Umgebung – vielleicht aber auch ein Zeichen der Heilung. Die Schwellung geht zum Glück bald zurück. Zu Beginn ist sie aber so stark, dass ich fast wieder richtige Brüste habe.

Die Aversion, an meinem Körper noch etwas Feminines zu sehen, überrascht mich, habe ich doch so lange mit diesen weiblichen Attributen gelebt. Wenn ich alte Fotos aus meiner Zeit als Frau rauskrame, spüre ich heute diese tiefe Abneigung in mir. Ich sehe mich, erkenne mein Gesicht, blicke auf diesen gut sichtbaren Busen und denke: Wie konnte ich meine Weiblichkeit so offen tragen! Es lag wohl daran, dass ich gern Eindeutigkeit wollte. Jahrzehntelang hoffte ich, mit der äußerlichen Betonung meiner Weiblichkeit wachse auch innerlich das Gefühl, eine Frau zu sein.

- - - *April 2011*

Biologie, Chemie, Physik – die naturwissenschaftlichen Fächer interessierten mich. Nach der Matura entschied ich mich fürs Medizinstudium. Ich machte den Facharzt in Allgemeinmedizin, später in Gynäkologie und Geburtshilfe. Meine Überlegung war, je mehr ich über den weiblichen Körper weiß und je besser ich verstehe, wie er funktioniert, umso eher kann ich mich mit ihm versöhnen. Fachlich wurde ich immer mehr zur Spezialistin des Frauenkörpers. Ich konnte mich in meine Patientinnen hineindenken, sie immer präziser und kompetenter behandeln. Von meinem eigenen Körper entfernte ich mich immer mehr.

- - - 2005

Die körperliche Metamorphose neigt sich nun dem Ende zu; das lässt meinen Wunsch wachsen, auch innerlich bei meiner neuen Identität anzukommen. Viele Gefühle, Wünsche und Ansichten unterdrückte ich lange Zeit. Da hat sich ein Vakuum gebildet, das ich nun füllen möchte. Zahlreiche Dinge werden jedoch gleich bleiben wie vorher. An ihnen kann ich mich orientieren: an meiner ruhigen Art, an meiner rationalen Denkweise, an meiner Zurückhaltung in Gesprächen wie auch in allem Emotionalen.

- - - *Dezember 2013*

Zu Beginn der Transition hatte ich ein stereotypes Bild, was zum Mannsein gehört; ich lebte bis anhin praktisch in einer Frauenwelt. Viele Schwule gehen aber sehr offen mit ihren weiblichen Seiten um, und das zu erleben, war für mich pure Entspannung. Seit ich meinen Mann kenne, ist das noch viel intensiver. Er zeigt mir, wie man als Mann leben kann mit allen weiblichen und männlichen Seiten. Das ist für mich total faszinierend. Es berührt mich, wenn er weint oder durch eine Sommerwiese streift, mit Hingabe Blumen pflückt, sie vorsichtig trocknet und daraus unsere hauseigene Teemischung herstellt.

Mein Partner ist ein Eisbrecher. Seine weiblichen Seiten helfen mir, meine weiblichen Seiten zuzulassen. Ich kann von ihm lernen, wie ich mich als Mann auch weiblich geben kann, ohne feminin zu wirken. Das lag lange fern alles Denkbaren und Möglichen. Dabei entspricht mir diese Lebensform sehr. Die Rollenverteilung zwischen uns ist jenseits aller Geschlechternormen.

- - - *September 2013*

Periode! Ich bin unendlich enttäuscht, nehme ich doch nun seit zwei Monaten Hormonblocker. Eigentlich ein gutes Mittel, um den weiblichen Zyklus zu stoppen. Doch meine Eierstöcke scheinen ein unbeirrbares Eigenleben zu führen. Jetzt ist mir auch klar, warum ich in diesen Tagen eine seelische Krise schiebe. Es ärgert mich wirklich. Diese weiblichen Hormone, die ich mir nie, nie, nie wünschte, plagen mich nun seit dreiunddreißig Jahren. Und trotz aller Interventionen meinerseits – Spirale, Testosteron, Hormonblocker – beeinflussen sie mein Leben offenbar unbeeindruckt.

Ich hab es satt! Lange Zeit versuchte ich, eine verständige, schicksalsergebene Haltung einzunehmen. Aber ich halte es einfach nicht mehr aus. Ich kann diese »weiblichen« Einbrüche nicht mehr ertragen. Es ist so etwas Fremdes, etwas, das nicht zu mir gehört. An Stimmungsschwankungen, Wassereinlagerungen und Unterbauchschmerzen leiden viele Frauen, das ist kein transspezifisches Problem. Aber es machte mein Frausein einfach noch schwieriger. Du lebst in einem Körper, den du dir nie im Leben gewünscht hast, und musst dann noch diese Mühseligkeiten ertragen.

- - - *Dezember 2010*

Am Ende der Bettina-Zeit gingen wir zusammen essen. »Sind die Herren zufrieden?«, wollte der Kellner wissen. Meine Tochter strahlte. Ich wusste damals schon, was auf uns zukommen würde, und gönnte es Bettina von Herzen, dass sie bereits als Mann wahrgenommen wurde.

- - -

Wir teilen die Menschen ein in weiblich und männlich, und diejenigen, die in dieses zweidimensionale Raster nicht hineinpassen, werden in die Kategorien Intersexuelle* und Transidente gesteckt. Dies geschieht mit einer unglaublichen Willkür. Denn in der menschlichen Natur sind die Übergänge zwischen männlich und weiblich fließend – die zwei Geschlechter sind nur Tendenzen in einem breiten Spektrum. Wo ziehen wir medizinisch die Grenze? Wo hört der Mann auf und wo beginnt die Frau? Ab einem bestimmten Wert ihres Hormonspiegels? Mit dem Fehlen des Y-Chromosoms?

Tatsache ist, dass jeder Mensch bei seiner Geburt einer der zwei Geschlechterkategorien zugeordnet wird – ob seine Eltern das nun so wollen oder nicht. Der Staat labelt die Menschen, schafft zwei Klassen, in die man ungefragt hineingedrückt wird. Man ist sogar versucht, bei einer unklaren Situation den Menschen mittels medizinischer Eingriffe so zu verändern, dass er anschließend in eine dieser zwei Kategorien hineinpasst. Aus meiner Sicht ist es eine Bevormundung des Staats, dass wir bei der Geburt einem Geschlecht zugeordnet werden, dem wir lebenslang angehören müssen. Ich wehre mich dagegen, die Zuteilung der Menschen auf Körpermerkmale zu reduzieren. Warum wird man in einem bestimmten Alter nicht einfach gefragt, wie und als was man sich fühlt?

Meiner Meinung nach zementieren wir die beiden Kategorien Frau und Mann viel zu stark angesichts der Tatsache, dass es so viele Schattierungen gibt. Nun wird man mir entgegnen, die Fortpflanzung brauche eben Männer und Frauen. Natürlich. Aber die fortpflanzungsfähige Zeit ist meiner Ansicht nach viel zu kurz, um die Geschlechterkategorie für ein ganzes Leben festzuschreiben.

- - - März 2012

Ich komme zurzeit so todmüde, aber doch erleichtert nach Hause, dass ich jetzt einfach einmal eine Runde heulen muss. Heulen über die ganze Geschichte, dass ich mich so lange nicht traute, dass ich meinen männlichen Teil in mir dermaßen unterdrückte und abwürgte, nur weil ich die anderen nicht erschrecken wollte. Die Scham, anderen von meinen Gefühlen zu erzählen, die sie ohnehin nicht richtig verstehen können, und sie damit zu irritieren, hielt mich jahrelang vom Outing ab.

Aber ich habe diese innere Gewissheit, eine männliche Seele in einem weiblichen Körper zu haben, trotz Einsatz aller intellektuellen Kräfte einfach nicht aus meinem Leben gekriegt. Ich habe mir Mühe gegeben, meinen weiblichen Körper zu akzeptieren, mich als Frau zu identifizieren, aber in meinem Innersten war immer dieser Bruch, dieser Riss, dieser Schmerz, der mir von Zeit zu Zeit wie ein Messerstich ins Herz fuhr. Beim Anblick junger Männer, fein frisierter Bärte, schlanker Hüften, schöner Hemden und cooler Hosen kam immer wieder diese Eifersucht, diese Wehmut auf, im »falschen Körper« zu stecken.

Ein Königreich hätte ich dafür gegeben, als Bub auf die Welt gekommen zu sein! Ein Königreich!

Und jetzt stehe ich da, habe mich entschieden, und die ganze Trauer steigt hoch und fließt ab, dahinter erkenne ich eine große Vorfreude auf das, was in den nächsten Monaten auf mich zukommen wird. Ja, es gibt kein Zurück mehr. Es gibt nur noch ein Vorwärts.

- - - *April 2010*

Lange Zeit ist mir unklar, wie ich vorgehen soll, um meine Patientinnen, meine Praxiskollegin und meine Kolleginnen und Kollegen in der Frauenklinik nicht vor den Kopf zu stoßen. Wie ich mich verhalten soll, um nicht alles zu verlieren und am Ende ohne etwas dazustehen. Ich habe Angst vor menschlichen Verlusten, aber auch finanzielle Ängste. Viele, viele Nächte kann ich kaum schlafen, weil ich nicht weiterweiß. Ich stehe auf und schreibe alle Varianten nieder, die mir zur Verfügung stehen:

1. Ich bleibe in der Praxis, informiere alle Patientinnen, dass ich mich zum Mann anpasse, und hoffe, dass die Frauen weiterhin zu mir kommen. – Risiko: Die meisten Frauen springen ab, und ich habe einen beschädigten Ruf; ich komme in ein finanzielles Defizit und verliere mein ganzes Vermögen. Chance: Meine Patientinnen bleiben mir treu.
2. Ich verlasse die Praxis und suche mir eine Stelle als Oberarzt oder versuche andernorts, eine Praxis zu übernehmen.
3. Ich arbeite noch so lange als Frau weiter in der Praxis, bis ich sie ganz abgekauft habe; dann versuche ich sie weiterzuverkaufen. – Chance: Ich bekomme vielleicht das ganze Startkapital retour. Risiko: Ich finde keine Nachfolger, und die Praxis verwaist und ist nichts mehr wert.
4. Ich lasse mich krankschreiben, bis die Geschlechtsanpassung erfolgt ist.

- - - *Februar 2010*

Familienfest. Es ist schön, meinen Bruder zu treffen. Mir wird klar, wie stark sich mein Verhältnis zu ihm verändert hat. Ich glaube, ich war früher unbewusst eifersüchtig auf ihn: darauf, dass er genau die Geschlechtsmerkmale besitzt, die ich immer gern haben wollte. Jetzt, wo ich mich anpasse, kann ich diese Eifersucht endlich loslassen. Ich komme auf eine andere Ebene, kann meinen Bruder so nehmen, wie er ist, und muss mich nicht mehr in Konkurrenz setzen.

Lange hatte ich Bedenken, er könnte sich bedroht fühlen, dass ich ihm mit meiner Geschlechtsanpassung einmal mehr den Rang ablaufe. Aber vielleicht ist es genau umgekehrt. Vielleicht fühlte er sich gar nicht degradiert, sondern das Konkurrenzdenken saß nur in meinem Kopf!

Im Spaß will er wissen, ob sich bei mir schon eine Glatze andeute. Ich frage zurück, was bei ihm zuerst gekommen sei: sein Bart oder die Glatze, und ob die Brusthaare bereits grau waren, als sie ihm wuchsen. Dann rauchen wir einen Zigarillo.

- - - *September 2010*

Seit kurzem zeige ich mich in der Frauenklinik in meinen Männerkleidern, ohne Make-up, ohne Lippenstift und neu jetzt auch ohne Ohrringe. So, glaube ich, werden die Mitarbeitenden und Patientinnen ganz langsam vorbereitet; können sich Schritt für Schritt an mein neues Outfit gewöhnen, merken aber gleichzeitig noch nichts von meiner Transformation.

- - - *August 2010*

Es begann mit einer Gewebeuntersuchung, dann folgte das ganze Programm: Operation, Chemo, Bestrahlung. Frau Doktor Flütsch begleitete mich durch diese Zeit. Sie war eine männliche Frau, ihr Körperbau und ihre Frisur waren maskulin. Aber wenn mir jemand sagt: »Ich bin Frau Doktor Flütsch«, dann glaube ich das und mache mir keine weiteren Gedanken.

- - -

Den Begriff »Transgender«* finde ich unglücklich. Er impliziert, dass Transsein etwas mit dem sozialen Geschlecht zu tun hat und dass das soziale Geschlecht nicht mit dem körperlichen Geschlecht übereinstimmt. Das würde bedeuten: Wären die sozialen Geschlechter beziehungsweise die Geschlechterrollen abgeschafft, würden Transmenschen keine Transition brauchen. Es impliziert aber auch, dass wir Transmenschen Opfer der sozialen Etikettierung sind. Doch so einfach ist es nicht.

Es geht mir nicht nur darum, die männliche Rolle im Leben zu übernehmen und als Mann von der Gesellschaft wahrgenommen zu werden. Sondern es geht mir darum, eine männliche Anatomie zu besitzen und meinem ureigenen Lebensgefühl nachzugehen. Das hat mit Biologie zu tun und nicht mit Soziologie. Würde man mich auf eine einsame Südseeinsel verbannen, würde ich meine Reise trotzdem fortsetzen. Auch wenn von außen niemand den Wandel wahrnähme, würde ich die Operationen vornehmen lassen und die Hormone spritzen. Diese wunderbare Erfahrung, einen männlichen Körper zu bekommen, wirkt unglaublich befreiend und entspannend – ein Gefühl, endlich im Einklang mit dem Außen und dem Innen leben zu können.

- - - *März 2013*

Ich bin auf der Suche nach meinem männlichen Ich. Es ist wirklich wie in der Pubertät. Ich probiere aus, schaue, wie ich auf andere wirke, und suche meinen Stil: meinen Kleiderstil, den Stil, mich zu bewegen, die Gestik, Mimik, Reaktionen; meine Möglichkeiten, mit anderen in Kontakt zu kommen. Dabei helfen mir auch die Erzählungen anderer Transmänner. Im Endeffekt muss ich wohl einfach authentisch bleiben. Aber es fällt mir nicht leicht. Ich möchte wirklich männlich wirken, und da der Körper noch sehr feminin ist, versuche ich es mit einem doppelt männlichen Verhalten.

- - - *Mai 2010*

Die Chefärztin der Frauenklinik bietet mir eine Stelle als leitender Arzt im Kantonsspital an. Ich fühle mich total geehrt. Die wollen mich haben – trotz allem!

Ich mache mir Gedanken, was ich sage, wenn mich Patientinnen auf meine Transition ansprechen, die ich bei Antritt meiner neuen Funktion am 1. Oktober öffentlich vollziehen will:

• Es gibt Menschen, die auch in fortgeschrittenem Alter noch Potenzial zur Entwicklung haben.

• Eine logische Entscheidung ist auch dann richtig, wenn sie andere verwirren kann.

• Nicht alle Dinge, die zwischen Himmel und Erde geschehen, muss man verstehen oder erklären können.

- - - *August 2010*

Ich habe mir eine Pfeife gekauft. Das Rauchen macht großen Spaß. Vor vielen Jahren hatte mir mein Vater einmal eine Pfeife geschenkt. Damals passte dieses Accessoire einfach nicht zu meinem Körper. Nun aber stimmt es – und wie!

- - - *März 2011*

Verlockend die Vorstellung, ich müsste nur eine Chromosomenuntersuchung machen lassen und könnte dann erleichtert feststellen, dass ich einen XY-Satz besäße. Dann wäre allen meinen Mitmenschen klar, dass ich nichts anderes will, als mich selbst, mein richtiges Geschlecht zu leben. Aber können sie mich verstehen, da das nicht so ist? Können sie nachvollziehen, dass es neben dem biologischen Geschlecht eine Geschlechtsidentität im Gehirn gibt?

- - - *Januar 2010*

Die Flucht nach vorn ist die beste Devise. Dazu brauche ich Nerven aus Stahl.

Nachdem alle Kaderärzte informiert sind, wird mein Stellenantritt im klinikinternen Infobulletin verkündet:

Die Frauenklinik erhält temporäre Verstärkung. Dr. Niklaus Flütsch, leitender Arzt, Facharzt für Gynäkologie und Geburtshilfe, wird während vier Monaten zu vierzig Prozent für die Frauenklinik tätig sein. Als Frau Dr. Bettina Flütsch war Dr. Flütsch während fünf Jahren als Belegärztin tätig und führte ihre eigene Praxis. Nach der Geschlechtsanpassung wird er seine befristete Tätigkeit als Herr Dr. Niklaus Flütsch antreten. Seine Praxistätigkeit hat er an seine Nachfolgerin abgetreten und wird sich beruflich neu ausrichten. Wir freuen uns auf die Verstärkung und wünschen Herrn Dr. Flütsch viel Freude und Erfolg.

- - - *September 2010*

Die Gefühlsachterbahn beginnt von vorn. Da ich mir Sorgen um das Wohl meiner Mutter mache, rufe ich mutig zu Hause an und muss mir anhören, wie sehr meine Mama zurzeit unter meiner Wandlung leide. Herrje, ich sollte es doch eigentlich wissen! Da kommt wieder das alte Muster: Ich kann das meiner Mutter nicht antun! Und gleich gerät mein neues Selbstwertgefühl wieder ins Wanken. Ich muss mich einfach aus meiner Familienneurose raushalten und meinen Weg gehen, dieses Mal ohne Rücksicht, ob mich meine Familie für verrückt hält oder nicht.

- - - *März 2010*

An meinem Geburtstag kommt meine Mutter mit nach Chur, um mit mir Kleider zu kaufen. Während ich in der Umkleidekabine bin, höre ich, wie sie zum Verkäufer sagt: »Wissen Sie, ich warte auf meinen Sohn, der zieht sich gerade um.«

- - - *August 2010*

Meine Beziehung geht in die Brüche. Erfuhr ich zu Beginn meiner Wandlung großes Verständnis und Rückhalt, haben sich meine Partnerin und ich in den zurückliegenden Monaten immer stärker voneinander entfernt. Die langen Gespräche und vielen Fragen kosten mich zu viel Kraft. Während ich nachts Bereitschaftsdienst für die Klinik habe, will sie unbedingt mit mir telefonieren und sich aussprechen. Wir reden lange, und sie holt weit aus bei den Beschreibungen ihrer Gefühle und Gedanken. Ich kann nicht mehr. Schließlich wage ich den Schritt und sage ihr, dass ich eine endgültige Trennung möchte. Ich sehe keine Chance mehr, und ich habe die Kraft endgültig verloren. Es sind momentan einfach zu viele Baustellen. Schließlich unterbricht uns ein Anruf aus der Klinik. Eine Frau hat vermutlich eine Eileiterschwangerschaft. Ich klinke mich mental aus der Beziehungsgeschichte aus und renne in die Klinik. Bis um dreiundzwanzig Uhr bin ich im Operationssaal. Danach kehre ich erschöpft heim, sitze auf dem Balkon und rauche eine Zigarette. Doch die Ruhe währt nicht lange. Um halb eins werde ich erneut angerufen. Bei einer Patientin sind in der Frühschwangerschaft Blutungen aufgetreten. Wieder zu Hause und kaum eingeschlafen, werde ich zum zweiten Mal aus dem Schlaf gerissen. Nun gilt es ernst: Ein Baby hat während der Geburt schlechte Herztöne. Wieder sause ich in die Klinik.

Beim Umkleiden im Spital fällt mir auf, dass mein Gleichgewicht gestört ist. Ich wanke, alles dreht sich. Nun ja, so direkt aus dem Schlaf auf die Beine, das kann schwindlig machen, denke ich und rede mir gut zu. Doch es wird schlimmer. Schließlich sitze ich mit Brechschüssel auf einem Spitalbett und kämpfe mit Drehschwindel. Ich fühle mich sterbenselend. Während man mir ein Antibrechmittel in die Vene spritzt, ruft die Hebamme einen meiner Kollegen, um mich beim Kaiserschnitt zu ersetzen.

Ich übernachte im Spital. Am Morgen will ich duschen und wieder zur Arbeit – doch es geht nicht. Sobald ich aufzustehen versuche, kommt der Schwindel zurück, und ich sinke mutlos wieder ins Bett. Schließlich bringen mich meine Kollegen auf die Notfallstation. Dort diagnostiziert der Oberarzt eine Entzündung der Gleichgewichtsnerven.

- - - *September 2010*

Erst heute in der Beziehung mit meinem Mann werden mir diese Mechanismen aus früherer Zeit bewusst: Ich war zwar äußerlich gesehen eine Lesbe, aber ich hatte männliche oder gar schwule Vorstellungen einer Partnerschaft. Meine Partnerinnen hatten große Mühe, mich zu verstehen, und ich hatte Schwierigkeiten, mich ihren Bedürfnissen hinzugeben. Ich konnte mich noch so sehr bemühen und anstrengen: Es passte einfach nicht.

- - - *Oktober 2013*

Schritt für Schritt geht die Zeit in der Praxis zu Ende. Ich bin froh, dass der Spuk bald vorbei ist. Ich stecke mitten in der Hormonbehandlung, mühe mich ab, möglichst hoch zu sprechen, rasiere mich täglich, damit die Patientinnen nichts mitkriegen. Privat werde ich bereits zu neunundneunzig Prozent als Mann wahrgenommen. In der Praxis und der Klinik aber bin ich immer noch Frau Doktor. Dieses Theaterspiel frisst enorm Energie. Es ist verdammt hart.

- - - *August 2010*

Kürzlich ruft mir der vom Käsestand zu: »Hey, junger Mann, auch mal Käse probieren?« Schön, dass man mit dem Testosteron gleich auch noch einen Anti-Aging-Effekt hat.

Der junge Verkäufer vom Velo-Shop erklärt mir, wie der Geschwindigkeitsmesser funktioniert, und tippt dabei mit dem Finger aufs Kleingedruckte. Ich kann nichts lesen, verklemme mir aber den Griff zur Lesebrille. Ich will nicht, dass er merkt, was für einen alten Sack er vor sich hat.

- - - *Juni 2011*

Sie outete sich ganz toll, kam oft zu uns, wir wanderten, gingen auf Skitouren. Schritt für Schritt ließ sie uns teilhaben und teilnehmen und wurde immer männlicher. Bettinas Coming-out als Lesbe hatte mir als Mutter viel mehr zugesetzt als ihre Wandlung zum Mann. Es tut mir bis heute leid, dass meine Tochter das ganze Frausein nicht genießen konnte. Das hätte ich ihr von Herzen gewünscht.

- - -

Meine Seele hat einen neuen Resonanzkörper bekommen. In allem, was ich tue, denke und bin, kann ich heute mein Wesen in meinem Körper viel besser spüren und zum Klingen bringen. Es ist nun mal einfach so in unserer Welt, dass man als Mann oder als Frau wahrgenommen wird. Da hilft es nicht groß, intellektuelle oder queere* Theorien aufzustellen. Wenn ich durch die Straßen gehe, wenn ich mit jemandem ein Gespräch anfange, wenn ich mich um meine Patientinnen kümmere – überall wird mir klar, wie stark ich durch meinen Körper kommuniziere. Er ist Teil meiner Persönlichkeit, die nun endlich auch äußerlich wahrgenommen wird.

- - - *Juni 2013*

Macht Testosteron schwul? Untersuchungen zeigen, dass rund ein Drittel aller Transmänner vor der Hormonbehandlung Frauenbeziehungen leben und danach auf Männer stehen.

Seit ich als Mann wahrgenommen werde, suche ich explizit Kontakt zu Männern. Die Interaktion mit schwulen oder bisexuellen Männern hat eine ganz andere Dynamik, als ich sie mit Frauen kenne. Das erweist sich als wohltuend und stimmig. In meinen Frauenbeziehungen hatte ich immer den Eindruck, dass meine Gefühle viele Erklärungen brauchten, dass alles hinterfragt wurde. Das empfand ich als sehr anstrengend und das ewige Interpretieren meiner Person teilweise auch als Übergriff. Ich fühlte mich häufig in die Ecke gedrängt. Mit meinem jetzigen Partner, aber auch mit anderen Männern, erlebe ich ganz stark, dass ein Wort einfach stehen bleiben kann.

Wir lernen uns über eine Partnerschaftsbörse kennen. Ich schreibe, dass ich trans bin. Nach kurzem Austausch im Chatraum wollen wir uns persönlich kennen lernen. Seine Offenheit meiner Transidentität gegenüber freut mich. Wir treffen uns in einer Welt jenseits der dichotomen Geschlechternorm, und ich fühle mich in der aufkeimenden Beziehung als Mensch vollkommen wahrgenommen.

- - - *März 2012*

Wie schön es ist, unter Menschen zu gehen und als Mann gesehen zu werden. Ich genieße das Bad in der Menge.

- - - *Juni 2012*

In unserer Hochzeitsurkunde muss ich als Ehefrau firmieren, das ärgert mich. Die Freude über das offizielle Trauungszeremoniell auf dem Zivilstandsamt wiegt das allerdings doppelt und dreifach auf.

- - - *August 2013*

Heute stelle ich mir die Frage nicht mehr, aber zu Beginn unserer Beziehung beschäftigte sie mich: Nimmt mich mein Partner wirklich als Mann wahr? Schließlich habe ich keinen Penis, das könnte er vielleicht vermissen. Aber ein Aufbau ist mir einfach zu riskant. Ich weiß zu genau, wie viele Komplikationen es geben kann, und die Gefahr, enttäuscht zu werden, ist groß. Das Gefühl kann gestört sein, und auch ästhetisch und funktionell können sich gravierende Probleme ergeben. Viel wichtiger als die Sexualorgane sind mir ein gut sichtbarer, dichter Bartschatten und eine tiefe Stimme. Wenigstens in dieser Hinsicht möchte ich nichts Irritierendes.

- - - *Juni 2012*

Alle wichtigen Operationen sind erledigt, die Hormontherapie setze ich fort. Ich stehe mit meinem neuen eigenen Körper da. Jetzt ist es Zeit, mich wieder vermehrt meiner Seele zuzuwenden. Ich will jetzt einfach stolz sein können, dass ich so lange durchgehalten habe. Und wie fühlt sich das an? Großartig! Was für ein unbeschreibliches Gefühl, was für eine Freude, wenn Körper und Seele im Einklang sind!

- - - Oktober 2013

Ich rief ihn an. »Ciao, Nik, hier ist Papa. Wie gehts dir?« – Ich musste mir seinen neuen Namen einprägen, mich daran gewöhnen. Indem ich ihn bei jeder Gelegenheit wiederholte, gab ich Nik auch immer wieder Zeichen meines Einverständnisses zu seinem Weg.

Heute ist in der Erinnerung noch viel Bettina vorhanden; doch wenn ich Nik vor mir habe, ist sie verschwunden.

- - -

Ich sehe keine Bettina mehr, wenn ich Nik anschaue. Bettina gibt es nicht mehr, aber die Vergangenheit, die gibt es noch, zumal ja auch der Mensch derselbe geblieben ist. An seiner Herzenswärme, Großzügigkeit, Distinguiertheit, Gepflegtheit, Gescheitheit, Wissbegierde hat sich nichts verändert. Und an unserer Freundschaft sowieso nichts.

- - -

Dieses Strahlen in seinen Augen – das sind Welten zu früher! Niklaus hat ein viel offeneres, gelösteres Auftreten als Bettina. Er ist angekommen.

- - -

Wenn ich alte Bilder aus der Zeit der Bettina sehe, dann kommt es mir vor, als sei das eine fremde Person. Als wäre Nik damals in die Rolle einer Schauspielerin geschlüpft. Gar nichts an ihm kommt mir weiblich vor, ich sehe ihn heute als ganzen Mann. Das weiblichste Überbleibsel an Nik ist wohl, dass er ab und an noch mit dem Autopneu den Randstein küsst.

- - -

Selbstverständlich ist sie jetzt Nik. Ich habe mich abgefunden, suche in Niklaus nicht mehr Bettina. Während fast fünfzig Jahren habe ich mich aber sehr an ihren Namen gewöhnt und sage meistens noch Bettina. Höre ich die Stimme am Telefon, höre ich auch noch ein bisschen Bettina, aber auf dem Display des Telefons heißt es jetzt natürlich »Nik«.

Endlich ist Bettina zur Ruhe gekommen. Nik sagt mir oft, wie glücklich er ist.

- - -

Epilog

Es ist fünf Uhr dreißig, und ich stehe auf dem Platz vor der Klinik. Der Mond scheint hell durch ein frisch aufgerissenes Wolkenfenster, der Asphalt ist nass vom nächtlichen Regenguss. Ich atme die frische Nachtluft ein und entspanne mich. Eben noch war ich im Gebärsaal und half einer Mutter, ihr zweites Kind zur Welt zu bringen. Ein Mädchen – jedenfalls sah es so aus.

Ich merke, wie ich immer wieder zögere, wenn die Eltern mich bei der Ultraschalluntersuchung fragen, ob es nun ein Mädchen oder ein Junge wird. Diese Vorstellung der Zweigeschlechtlichkeit sitzt tief in der menschlichen Kultur. Es ist noch nicht lange her, da war es verboten, öffentlich die Kleider des anderen Geschlechts zu tragen. Die Geschlechterordnung war klar und unumstößlich. Wenn der Körper nicht passte, stutzte man ihn mittels Operationen zurecht, wer seelisch nicht passte, wurde in die Irrenanstalt geschickt.

Die Zeiten haben sich geändert. Die Grenze zwischen den Geschlechtern weicht auf, sie beginnt sich langsam aufzulösen. Es wird möglich, sich den bis anhin bestehenden Konventionen zu entziehen.

Ich frage mich: Wie entsteht Identität, wie können wir wissen, ob wir eine weibliche oder eine männliche Geschlechtsidentität besitzen? Ist sie angeboren? Wird sie in der frühsten Kindheit erworben? Oder wählen wir sie selber? Ich kann keine Antwort darauf finden. Irgendwie hängt das Ganze mit unserem Bewusstsein zusammen. Wir nehmen uns selbst wahr und auch, wie uns die anderen wahrnehmen. Wir sind irgendwo im Spannungsfeld des Sich-selbst-Gestaltens und des Gestaltet-Werdens. Dies geht bis zu einem gewissen

Punkt. Sobald der körperliche Aspekt ins Spiel kommt, stoßen wir an Grenzen. Der Körper, mit dem wir leben, diktiert uns das Geschlecht. Wir können nicht entfliehen, sitzen wie Gefangene im eigenen Körper fest. Man kann sich damit arrangieren oder dagegen ankämpfen. Ich weiß nicht, welches der einfachere Weg ist. Für mich war es wohl lange Zeit der des sich Arrangierens. Bis eines Tages der Moment kam, in dem ich mich fragte: Ist das Leben, das ich lebe, wirklich meins?

Vor vier Jahren hat meine Reise begonnen, die Reise meines Körpers in das neue Geschlecht. In dieser Zeit hat sich nicht nur sehr viel bei mir selber verändert, auch in der Gesellschaft, in der Medizin und bei den Behörden sind Prozesse in Gang gekommen. Durch die zunehmende Sichtbarkeit transidenter Menschen findet eine positive Sensibilisierung in der Gesellschaft statt. Ebenfalls scheinen die Mediziner und Psychologinnen langsam zu begreifen, dass durch einen Austausch zwischen Fachleuten und Transmenschen die Bedürfnisse Letzterer im medizinischen Bereich besser erfasst werden können. War es früher so, dass die Psychiaterinnen und Psychologen bestimmten, was »das Beste« für transidente Menschen ist, so findet heute bei den aufgeschlossenen Therapeuten ein erfreuliches Umdenken statt. Transspezifische Fachgruppen entstehen, in denen auch Transmenschen Mitglied sind.

Erstaunlicherweise scheint die Gesellschaft mit dem Phänomen Transidentität viel lockerer und empathischer umzugehen als die Rechtsprechung. Die Gesetze hinken der Stimmung in der Bevölkerung deutlich hinterher. Zum Teil berufen sich Schweizer Gerichte und Krankenversicherungen immer noch auf Gerichtsurteile aus den Achtzigerjahren des vergangenen Jahrhunderts, oder sie beziehen sich auf die deutschen Behandlungsrichtlinien aus dem Jahre 1997 oder gar auf das alte deutsche Transsexuellen-Gesetz aus dem Jahre

1980. Dies führt heute oft dazu, dass sich der Prozess der Geschlechtsanpassung qualvoll in die Länge zieht: Transmenschen werden gedemütigt, müssen mehrere psychiatrische Gutachten über sich ergehen lassen und damit klarkommen, dass sie – im Gegensatz zu anderen Patienten – nicht für mündig und urteilsfähig gehalten werden, über eine medizinische Intervention zu entscheiden.

Diese strengen Anforderungen sowohl bei der Rechtsprechung als auch bei der Erstellung von Gutachten führten sogar dazu, dass Transmenschen ihre autobiografischen Angaben zu verfälschen begannen, um den heteronormativen* Vorurteilen zu entsprechen und damit die amtlichen Eignungskriterien für die angestrebte medizinische Geschlechtsanpassung zu erfüllen. Es brauchte deshalb auch eine Lobby-Organisation für diese Anliegen. So wurde 2010 in der Schweiz der Verein Transgender Network Switzerland* gegründet. Mit großem Engagement und Kräfteeinsatz ist es dieser Gruppe gelungen, sich und den Bedürfnissen der Transmenschen in der Öffentlichkeit, in der Politik und der Medizin Gehör zu verschaffen.

Trotz dieser positiven Entwicklung gibt es immer noch viele Bereiche, in denen dringend weitergekämpft werden muss. Nach wie vor benötigt man in einigen Kantonen der Schweiz für eine juristische Geschlechtsanpassung (also die Personenstandsänderung im Zivilstandsregister) den Nachweis der Sterilisation – eine Gerichtspraxis, die vom Europäischen Gerichtshof bereits mehrfach verurteilt wurde, weil sie gegen die Menschenrechte verstößt.

Des Weiteren werden die Kosten für eine geschlechtsangleichende Operation außerhalb der Schweiz von den Krankenkassen nicht übernommen. Dabei wird nicht beachtet, dass diese komplexen Operationen in der Schweiz nur sehr selten durchgeführt werden und dementsprechend die Qualität dieser Eingriffe mehr als zu wünschen übrig lässt. Für mich ist das völlig unverständlich, zumal die Operationen in spezialisierten Zentren im Ausland (beispielsweise in Deutschland, den USA oder Thailand) kostengünstiger und aufgrund der hohen Fallzahlen qualitativ hochstehend und mit geringen Komplikationen verknüpft sind.

Wenn ich meine Geschichte erzähle, dann ist das nicht nur die Geschichte meiner äußeren Wandlung von einer Frau zu einem Mann. Es ist auch die Geschichte einer Tochter, die zum Sohn wird, einer Gynäkologin, die zum Gynäkologen wird, und einer Freundin, die zum Freund wird. Eine Geschlechtsangleichung kann man gezwungenermaßen nur unter Einbezug der Menschen um sich herum durchführen. Man muss sich der Umwelt bis zu einem gewissen Grad öffnen und wird dadurch auch angreifbar und verletzlich.

Ich hatte und habe das Glück, von meinen Mitmenschen in meiner Entscheidung – war sie in ihren Augen auch noch so seltsam und bizarr – unterstützt und getragen zu werden. Dieses Glück ist leider nicht allen beschert. In meiner Spezialsprechstunde für transidente Menschen höre ich immer wieder, dass jemand versucht, endlich sein Leben zu leben, aber von anderen daran gehindert, schikaniert und belächelt wird. Viele verlieren ihre Arbeit oder haben Mühe, einen neuen Job zu finden, weil sie nicht in das gängige Geschlechterraster passen. Sie müssen Anfeindungen von wildfremden Passanten in Kauf nehmen und werden auf der Straße beschimpft.

Wie kann das sein? Nur weil ein Mensch für sich entscheidet, sein körperliches Geschlecht anzupassen, schlägt ihm Hass und manchmal auch pure Gewalt entgegen. Immer wieder werden transidente Menschen wegen ihrer Andersartigkeit sogar ermordet. Es ist höchste Zeit, die Gesellschaft aufzurütteln, zu zeigen, dass wir ganz normale Menschen sind, dass wir normale Berufe ausüben, Ärzte sind, Lastwagenfahrerinnen, Serviceangestellte, Uniprofessorinnen, Magaziner, Lokomotivführer. Wir sind die netten Nachbarn von nebenan, der freundliche junge Herr, der in der Schlange vor dem Postschalter steht, oder die sympathische Frau, die im Bikini am Pool liegt und ein Buch liest.

Noch immer geht mir ab und zu die Frage durch den Kopf: Was, wenn ich die Transition früher begonnen hätte, wenn ich als Jugendlicher bereits in die richtige Richtung pubertiert und mit gleichaltrigen Jungs die ersten Erfahrungen in der Erwachsenenwelt gemacht hätte? Mir wären viele düstere und schwere Stunden erspart geblieben. Doch das Rad der Zeit lässt sich nicht zurückdrehen, und das Leben kann man nur vorwärts leben. Verstehen tut man es meistens erst rückwärts. Es ist für mich deshalb schön, zu sehen, wie junge Menschen heute mit ihrer Identitätssuche auf bessere Therapeuten und Medizinerinnen stoßen als früher. Dass sie Zugang haben zu mehr Informationen und die Möglichkeit, sich zu vernetzen. Die Weichen für eine erfolgreiche Geschlechtsanpassung können so oft bereits in der Jugend gestellt werden, und vielen Transmenschen bleibt heute der mühsame Weg im Erwachsenenalter erspart.

Wie weit der Körper hormonell verändert und chirurgisch angepasst wird, kann inzwischen jeder Transmensch selbst entscheiden. Dies ist aber erst durch eine umfassende Bewusstseinsänderung, die in den Köpfen der medizinischen Fachwelt stattgefunden hat, möglich geworden. Noch bis gegen Ende des letzten Jahrhunderts war die Vorstellung, dass es nur Frauen und Männer und nichts dazwischen geben soll, fast unumstößlich. Man konnte und wollte sich nicht erlauben, medizinisch Menschen zu »erschaffen«, die irgendwo dazwischen standen. Und so waren Transmenschen der Willkür der Ärzteschaft ausgeliefert. Die Vorstellung, dass es Männer mit einer Vagina oder Frauen mit einem Penis geben könnte, war nicht konform mit der Idee einer zweigeschlechtlichen Gesellschaft, in der Frauen und Männer durch körperliche Eigenschaften klar zu trennen waren. Die in jüngster Zeit im philosophischen Diskurs zum Thema gewordene Frage nach der Gültigkeit einer heteronormativen Zweigeschlechtlichkeit unserer Gesellschaft bringt endlich frischen Wind in diese alte Frage, was einen Mann zum Mann und eine Frau zur Frau macht. Heute ist es für viele klar, dass die Genitalien nicht in jedem Fall das Geschlecht eines Menschen definieren.

Ich habe den Weg in die Öffentlichkeit bewusst gewählt, denn es scheint mir wichtig, dass die Gesellschaft direkt von uns Transmenschen erfährt, was es bedeutet, mit dem bei der Geburt zugewiesenen Geschlecht in Disharmonie zu leben. Was es heißt, durch diesen Prozess der Selbsterkenntnis zu gehen und schließlich den Entschluss zu fassen, seinen Körper unumkehrbar dem eigenen, inneren Erleben anzupassen. Ich glaube, es herrscht nach wie vor ein großes Missverständnis, was es eigentlich bedeutet, transident zu sein. Es geht dabei nicht darum, dass aus einer Frau ein Mann wird oder umgekehrt. Ich habe immer schon gewusst, dass mein inneres Erleben nicht zu einem weiblichen Körper passt. So habe ich in letzter Konsequenz schließlich meinen Körper meiner männlichen Identität angepasst. Dieser Prozess war extrem befreiend und entsprach einem Gefühl, wie wenn ich nach langem Umherirren im Dunkeln endlich nach Hause gefunden hätte.

Als ich das erste Mal die Texte meiner Mutter las, die Ursula Eichenberger nach dem Gespräch mit ihr ins Buch eingeflochten hat, empfand ich ihr Festhalten an den weiblichen Pronomen mir gegenüber als sehr befremdlich, sprach sie mich doch zu Hause stets mit meinem männlichen Vornamen an. Ich erkenne aber an ihrem Verhalten, dass es wohl für die nächsten Angehörigen von Transmenschen sehr schwierig ist, sich von den alten Bildern einer

Person zu lösen. Schließlich zeigt es mir auch, dass sich meine Persönlichkeit trotz eindrücklicher äußerer Wandlung nicht groß verändert hat. – Eigentlich doch sehr beruhigend, zu wissen, dass die Hormone zwar einen fundamentalen Einfluss auf den Körper ausüben, aber mich als Person in meiner Identität so lassen, wie ich bin, nämlich ich selbst.

Niklaus Flütsch, Juli 2014

Anhang

Zeittafel

1964 Geburt von Bettina Flütsch; drei Jahre zuvor kommt der Bruder zur Welt, drei Jahre später folgt die Schwester

1968 Gewissheit, dass Körper und Geschlechtsidentität nicht übereinstimmen

1980 Magersucht

1982 Schulwechsel ins Internat

1984 Matura; Coming-out als Lesbe

1991 Staatsexamen Medizin an der Universität Zürich

1992–1994 Assistenzarztjahre

1995 Erste Praxistätigkeit in einer Gruppenpraxis in Bern

2001–2005 Weiterbildung zum Facharzt Gynäkologie/ Geburtshilfe

2002 Facharztprüfung Allgemeinmedizin

2005 Facharztprüfung Gynäkologie und Geburtshilfe

2005–2007 Oberärztin am Zuger Kantonsspital

2007–2010 Eigene Praxistätigkeit als Gynäkologin in einer Zuger Gemeinschaftspraxis und Belegärztin in der Frauenklinik des Kantonsspitals Zug

2009 Entschluss zur Geschlechtsanpassung

2010 April: Beginn der Hormontherapie; August: Namensänderung zu Niklaus Flütsch, Aufgabe der Praxis in Zug; September: Trennung von der letzten Liebespartnerin; Oktober: leitender Arzt der Frauenklinik des Zuger Kantonsspitals

2011 Unterleibsoperation; Brustentfernung

Seit 2012 Eigene Praxistätigkeit als Gynäkologe in Zug, Leiter der Spezialsprechstunde für transidente Menschen, Stadtspital Triemli Zürich; im März Begegnung mit dem heutigen Ehemann

2013 Hochzeit

Weiterführende Informationen

Quellen
_www.transgender-network.ch
_Rauchfleisch, Udo: »Anne wird Tom, Klaus wird Lara: Transidentität/Transsexualität verstehen«, Patmos Verlag, Ostfildern, 2013

Definition in medizinischen Diagnosekatalogen
ICD-10-GM 2012: Hier wird die »Transsexualität« als »Störung der Geschlechtsidentität« bezeichnet. Der Wunsch nach hormoneller und chirurgischer Angleichung an das Gegengeschlecht gilt als grundlegendes Kriterium für die Diagnose.

Standards of Care
Behandlungsempfehlung der Weltorganisation für Transgender Gesundheit (World Professional Association for Transgender Health, WPATH). Die wichtigsten Neuerungen der jüngsten, 7. Ausgabe (September 2011):
• Kein Alltagstest mehr.
• Psychotherapie ist keine Voraussetzung mehr für die Abgabe von Hormonen und für Operationen.
• Alle Ansätze, trans wegtherapieren zu wollen, werden als unethisch abgelehnt.
• Während bislang im Zentrum stand, wie sich Transmenschen gegenüber den Medizinern zu beweisen haben, um die gewünschte Behandlung zu bekommen, zählt nun, was der Transmensch für seine gesamte Gesundheit braucht.

• Grundsätzlich gehen die Standards of Care nicht mehr davon aus, dass Transidentität eine Krankheit ist, und anerkennen, dass manche Transmenschen auch ohne medizinische Betreuung zurechtkommen und glücklich sind.

Häufigkeit von Transidentität

Schätzungen zur Häufigkeit von Transidentität variieren stark. Es ist davon auszugehen, dass die meisten der erhobenen Zahlen zu tief liegen, da die Hochrechnungen lediglich auf den Angaben jener Transmenschen beruhen, die fachliche Hilfe suchen; die Dunkelziffer dürfte groß sein. Studien aus Holland sprechen von einer Häufigkeit von 1:10 000 bei den Transfrauen (Mann-zu-Frau-Transidente) und von 1:30 000 bei den Transmännern (Frau-zu-Mann-Transidente). Eine andere Untersuchung, ebenfalls aus Holland, nennt eine Häufigkeit in der Allgemeinbevölkerung von 1:4500 bei Transfrauen und von 1:8000 bei Transmännern. Bei einer Neuberechnung der verschiedenen Studien kommen Experten gar auf Werte von 1:1000 bei Transfrauen und von 1:2000 bei Transmännern.

Zahlen für die Schweiz existieren nicht. Ausgehend von den jüngsten holländischen Studien, dürften hierzulande rund 40 000 Transmenschen leben. Geschlechtsangleichenden Operationen haben sich einige hundert Personen unterzogen.

Namensänderung

Eine Namensänderung kann in der Schweiz beim Zivilstandsamt des Wohnkantons beantragt werden, ohne dass das amtliche Geschlecht (männlich/weiblich) geändert werden muss. Dies ist vor allem für Transmenschen sinnvoll, welche die Bedingungen für die Änderung des amtlichen Geschlechts (noch) nicht erfüllen. Grundlage ist meistens das Schreiben eines Arztes, das eine Transidentität bescheinigt; manche Kantone fordern dazu eine bereits laufende Hormonbehandlung oder eine Bestätigung, dass der gewünschte neue Name schon einige Zeit verwendet wird.

Auch Jugendliche haben das Recht, ihren Namen zu ändern; Voraussetzung ist kein bestimmtes Alter, sondern die Urteilsfähigkeit.

Da Namens- und Registeränderung nicht parallel verlaufen müssen, kann beispielsweise eine Transfrau in ihren amtlichen Dokumenten offiziell unter ihrem neuen Namen und ihrem Ursprungsgeschlecht »männlich« geführt werden.

Änderung des amtlichen Geschlechts (Registeränderung)
Zur Änderung des amtlichen Geschlechts (zum Beispiel im Pass oder in der Identitätskarte) muss beim erstinstanzlichen Zivilgericht des Wohnorts eine Klage eingereicht werden. In der Klage ist der Antrag formuliert, dass das amtliche Geschlecht von männlich zu weiblich beziehungsweise von weiblich zu männlich geändert werden soll.

Da die Schweiz im Gegensatz zu Deutschland kein Transsexuellen-Gesetz kennt, beruft sich die Rechtsprechung auf einzelne Gerichtsurteile aus der Vergangenheit. 1993 hat das Schweizer Bundesgericht entschieden, dass für eine Registeränderung ein »irreversibler Geschlechtswechsel« Bedingung sei. Was dies genau bedeutet, hat es nicht definiert. Häufig verlangt werden die Bestätigung der Geschlechtsidentität und des Transseins von einer medizinischen Fachperson. Eine weitere Voraussetzung für die Registeränderung ist noch immer häufig, aber nicht mehr überall, dass die Fortpflanzungsorgane operativ entfernt werden. Nicht verlangt werden darf seit einem Gerichtsurteil aus dem Jahr 2005 die Auflösung einer Ehe oder einer eingetragenen Partnerschaft; das Urteil hält fest, dass der Erhalt des Lebensbundes trotz Geschlechtsanpassung den Grundprinzipien unserer Rechtsordnung entspricht.

Dass das Recht auf körperliche Integrität, auf Selbstbestimmung über den eigenen Körper als Menschenrecht auch für Transmenschen anzuwenden ist, berücksichtigen in der Schweiz immer mehr Gerichte:

- 2011 hat das Zürcher Obergericht entschieden, dass zur Änderung des Registergeschlechts keine geschlechtsangleichenden Operationen verlangt werden dürfen.
- 2012 folgte das Regionalgericht Berner Jura / Seeland dem Zürcher Entscheid.
- 2012 gingen das erstinstanzliche Zivilgericht in Porrentruy und das Regionalgericht Bern-Mittelland noch einen Schritt weiter, indem sie weder Operationen noch einen anderen Nachweis der Fortpflanzungsunfähigkeit voraussetzten.

Für die Änderung des amtlichen Geschlechts ist kein Mindestalter notwendig; Urteilsfähigkeit genügt.

Hormontherapie
Die Hormontherapie sollte unter ärztlicher Aufsicht stattfinden. Am häufigsten befassen sich damit Endokrinologen, aber auch Gynäkologen, Urologen oder erfahrene Hausärzte können Hormone verschreiben und den Verlauf kontrollieren. Üblicherweise werden Hormone ein Leben lang genommen. Wenn Eierstöcke oder Hoden des Ursprungsgeschlechts noch vorhanden sind, kann eine Hormonbehandlung aber auch unterbrochen oder beendet werden.

Hormonbehandlung bei Transfrauen: Östrogen führt zu einer Verweiblichung. Das Hormon kann in Form von Tabletten, Pflastern oder Gel angewendet werden. Meistens nehmen Transfrauen die gleichen Medikamente wie Frauen, die in den Wechseljahren eine Hormonersatztherapie machen. Zu Beginn wird außerdem häufig ein Testosteron-Blocker verschrieben. Wird mit der Behandlung erst nach der Pubertät begonnen, sind gewisse körperliche Veränderungen nicht mehr rückgängig zu machen, beispielsweise die Körpergröße, die Stimmhöhe, die Schulterbreite, die Ausprägung der Hände, schütteres Haar, sichtbarer Bartschatten. Veränderbar sind aber beispielsweise die Haut, sie wird weicher, die Gesichtszüge, sie werden sanfter; außerdem kann die Körperbehaarung und die Muskelmasse reduziert, eine weiblichere Fettverteilung und das Brustwachstum angeregt werden. Die Hoden werden kleiner und produzieren weniger Spermien, die Libido wie auch spontane Erektionen nehmen ab.

Hormonbehandlung bei Transmännern: Testosteron führt zu einer Vermännlichung. Das Hormon kann als Gel angewendet oder gespritzt werden. Wenn Testosteron nicht genügt und die Menstruation nach mehreren Monaten nicht aufhört, können zusätzlich Östrogen-Blocker eingesetzt werden. Mit dem Testosteron nimmt die Körperbehaarung zu, und es wächst ein Bart. Gesicht und Körper werden männlicher, die Muskelmasse nimmt zu, die Haut wird gröber, die Stimme tiefer (Stimmbruch), die Menstruation bleibt meistens nach wenigen Monaten aus, die Klitoris wächst um ein paar Zentimeter. Im ersten Jahr treten oftmals Akne, stärkeres Schwitzen, Wassereinlagerungen und Muskelschmerzen auf. Nach einigen Jahren Testosteron müssen Transmänner mit Haarausfall und eventuell auch mit der Bildung einer Glatze rechnen. Ein Großteil der Transmänner berichtet von einem größeren Sexualtrieb.

Operationen
Möglichkeiten für Transfrauen:
• Genitaloperationen: Hoden und Penis können operativ entfernt werden. Aus deren Haut werden Vagina, Klitoris sowie äußere und teilweise auch innere Schamlippen geformt. Sensibilität und die Fähigkeit zum Orgasmus bleiben erhalten.

- Brustvergrößerung: Wenn die Brust nicht bereits durch die Hormone eine gewünschte Größe erreicht hat, kann sie mittels Implantaten weiter angepasst werden.
- Epilation: Barthaare können mit Laser- und Nadelepilation entfernt werden.
- Eine höhere Stimme kann entweder durch eine operative Stimmbandverkürzung oder durch logopädisches Training erreicht werden.
- Gesichtsanpassungen: Die Veränderung der Kinn- und Wangenknochen lassen manche Gesichter weiblicher wirken.
- Adamsapfel: Ein hervorstehender Adamsapfel kann abgeschliffen werden.
- Kopfhaar: Ausgefallenes Kopfhaar kann durch Transplantation ersetzt werden.

Möglichkeiten für Transmänner:
- Hysterektomie und Ovarektomie (Entfernung der Gebärmutter und der Eierstöcke).
- Mastektomie (Brust-Operation): Die weiblichen Brüste können operativ entfernt und eine männliche Brust geformt werden.
- Klitorispenoid (kleiner Penis-Aufbau): Die durch das Testosteron gewachsene Klitoris wird chirurgisch freigelegt; sie wird sichtbarer und beweglicher. Die Harnröhre kann durch den Klitorispenoid gelegt werden. Damit wird für Transmänner das Urinieren im Stehen möglich. Meistens wird die Scheide verschlossen.
- Phalloplastik (großer Penis-Aufbau): Hierzu wird Haut und Gewebe von einer anderen Stelle des Körpers benötigt – oft vom Unterarm. Der Penoid, dessen Basis die Klitoris ist, wird an einen vorhandenen Nerv angeschlossen, sodass die Sensibilität zurückkehrt und die Fähigkeit zum Orgasmus erhalten bleibt. Das Penetrieren wird möglich, indem eine Pumpe auf Knopfdruck den Penis versteift.

Bei beiden Aufbauvarianten können die großen Schamlippen mit Implantaten zu Hoden geformt werden.

Kostenübernahme durch die Krankenkasse
Sofern die medizinische Angleichung der primären und sekundären Geschlechtsmerkmale in der Schweiz vorgenommen werden, müssen die Kosten von der Grundversicherung der Krankenkasse übernommen werden. Voraussetzung ist die ärztliche Bescheinigung der Diagnose und eine Bestätigung, dass die gewünschte Maßnahme notwendig ist. Üblicherweise werden folgende Leistungen von den Kassen übernommen:
- Begleitung durch Psychiater,
- Hormonbehandlung,
- *Transfrauen:* Brustaufbau, Vaginalplastik, Abschleifen des Adamsapfels, Stimmbandverkürzung, Gesichtsfeminisierung, Epilation, wenn sie durch einen Arzt durchgeführt wird,
- *Transmänner:* Mastektomie, Hysterektomie, Ovarektomie, Klitorispenoid-Aufbau, Phalloplastik inklusive Erektionsprothese,
- Logopädie,
- Leistungen des Gynäkologen, Urologen.

Glossar

Alltagstest

Bis zum Jahr 2012 mussten Transmenschen in der Schweiz mindestens ein Jahr in der Rolle des gewünschten Geschlechts leben, bevor sie eine medizinische Geschlechtsangleichung in Anspruch nehmen konnten, was als Alltagstest bezeichnet wurde. Die neusten internationalen Richtlinien – die 7. Version der »Standards of Care for the Health of Transsexual, Transgender and Gender Nonconforming People« (siehe Seite 240) – fordern keine solche Periode mehr.

In dem Merkblatt des Arztes, der Niklaus Flütsch behandelte, hieß es zum Thema Alltagstest:

»Die Behandlungsrichtlinien für transsexuelle Menschen (deutsche Standards of Care) fordern vor Einleitung geschlechtsangleichender Maßnahmen (Hormonbehandlung und operative Maßnahmen), dass ›der Patient mindestens ein Jahr lang durchgehend in allen sozialen Bereichen in der Rolle des gewünschten Geschlechts leben und auftreten sollte, um so für sich zu prüfen, ob diese Rolle für ihn überhaupt stimmig und zutreffend ist‹. Unter Berücksichtigung der persönlichen Situation der Betroffenen und der individuellen Krankheitsgeschichte orientiert sich die Beratung, Begleitung und Behandlung transsexueller Menschen an der Psychiatrischen Poliklinik des Universitätsspitals Zürich an diesen Behandlungsrichtlinien, welche durch psychotherapeutische Fachpersonen sichergestellt werden.

(...) Der ›Alltagstest‹ hat zusammen mit der Beratung, Begleitung und gegebenenfalls psychotherapeutischen Behandlung zentrale Bedeutung im Behandlungsregime transsexueller Menschen und geht der Einleitung somatischer und operativer Maßnahmen voraus. Transsexuelle Menschen müssen folgende Punkte im Verlauf des ›Alltagstests‹ in Zusammenarbeit mit ihrem Psychotherapeuten klären: die innere Stimmigkeit und Konstanz des Identitätsgeschlechts; Umgang mit den persönlich sozialen Auswirkungen einer Geschlechtsangleichung; die realistische Einschätzung der Möglichkeiten und Grenzen hormoneller und operativer Behandlung, damit eine angemessene weitere Behandlungsstrategie festgelegt werden kann.

Wegen der weitreichenden und irreversiblen Folgen hormoneller und/oder chirurgischer geschlechtsangleichender Maßnahmen besteht im Interesse der Betroffenen die Notwendigkeit einer sorgfältigen Diagnostik. Der Verlauf und die Besprechungen während des Alltagstests helfen dem Betroffenen und dem Psychotherapeuten, die Diagnose Transsexualismus zu sichern.

Im Gegensatz zu Deutschland und Österreich gibt es in der Schweiz keine spezielle gesetzliche Regelung für die Änderung des Vornamens oder des Personenstandes. Dieser Umstand kann im ›Alltagstests‹ zu Schwierigkeiten mit den Behörden führen. Zur Erleichterung kann der behandelnde Psychotherapeut auf Wunsch des Betroffenen eine Bestätigung der Behandlung in der Sprechstunde für Transsexualismus ausstellen.«

Androphilie
Der Begriff leitet sich aus den beiden griechischen Worten »andros« (Mann) und »philie« (Liebe) ab. Er umschreibt die Zielgerichtetheit einer Person auf erwachsene Menschen, speziell eine sexuelle Neigung zu älteren, reifen Männern.

Binder
Es handelt sich um eine korsettähnliche Brustbinde, mit der die weibliche Brust möglichst stark an die Brustwand gedrückt wird. So können sich Transmänner in der Anfangsphase ihrer Geschlechtsanpassung einen männlichen Brustkorb formen. Binder gibt es vorgefertigt zu kaufen. Alternativ helfen auch elastische Binden oder eng anliegende Unterhemden.

Borderline
Damit wurde ursprünglich eine Erkrankung beschrieben, die als Grenzzustand zwischen Neurose und Psychose definiert war. In den 1980er-Jahren hat die Psychoanalyse unter der Bezeichnung Borderline-Persönlichkeit eine schwere Charakterstörung beschrieben, die durch Instabilität in der Stimmung, im Selbstbild sowie in sozialen Beziehungen charakterisiert ist. Im Zentrum der Störung stehen Identitätsprobleme und Schwierigkeiten in der Regulation von Gefühlen.

Dichotomie der Geschlechter
Der Begriff leitet sich aus dem Griechischen »dichotomos« ab, das »halbgeteilt« und »entzweigeschnitten« bedeutet. Dichotomie steht somit für eine Zweiteilung eines Gefühls oder einer Wahrnehmung.

Dragking/Dragqueen
Ein Dragking ist eine Frau, die in künstlerischer oder humoristischer Praktizierung von Travestie durch Aussehen und Verhalten einen Mann darstellt. Eine Dragqueen ist das Gegenstück. Dragkings und -queens spielen ihre Rolle nicht nur, um aufzufallen, sondern auch, um die Rollenbilder von »Mann« und »Frau« zu verwischen.

»falscher Körper«
Ein von Transmenschen häufig verwendeter Begriff, um zu beschreiben, dass die innerlich wahrgenommene Geschlechtsidentität nicht mit dem äußerlich wahrgenommenen Geschlecht übereinstimmt. Das »falsch« bezieht sich somit nur auf die Geschlechtsmerkmale.

heteronormativ
Die Heteronormativität beschreibt eine Weltsicht, die Heterosexualität als soziale Norm voraussetzt und die Menschheit in zwei Geschlechter einteilt. Das biologische Geschlecht wird mit der Geschlechterrolle und der heterosexuellen Orientierung für alle Menschen gleichgesetzt.

intersexuell
Veralteter Begriff für Personen, die mit einem Körper geboren wurden, der weder eindeutig männlich noch eindeutig weiblich ist, sondern Anteile von beiden Geschlechtern aufweist. Heute wird in der Fachwelt mehr und mehr der Begriff Disorder of Sexual Development (DSD) verwendet.

Packer
Realistisch aussehende und sich realistisch anfühlende Nachbildung von Penis und Hoden aus Silikon.

Passing
Englisch für »durchgehen«; Bedeutung im Zusammenhang mit Transmenschen: der Prozess und die Fähigkeit einer Person, von der Umgebung demjenigen Geschlecht zugeschrieben zu werden, mit dem sie sich identifiziert. Wichtige Faktoren sind dabei körperliche

Merkmale und Verhaltensweisen, die für ein bestimmtes Geschlecht als üblich gelten.

queer
Das aus dem Englischen stammende Wort bezeichnet etwas, das von der Norm abweicht. Die Queer-Theorie geht davon aus, dass die geschlechtliche und die sexuelle Identität nicht naturgegeben sind, sondern erst im sozialen und kulturellen Kontext konstruiert werden.

Stone-Butch-Lesbe
Das englische Wort »butch« bedeutet »maskuliner Typ«. Eine Stone-Butch-Lesbe ist eine Frau, die in ihrer Erscheinung, ihrer Kleidung und ihrem Verhalten besonders maskulin wirkt und sexuell an Frauen interessiert ist.

Transfrau/Transmann
Eine Transfrau ist eine Person, die mit einem biologisch männlichen Körper geboren wurde, sich aber als Frau identifiziert. Ein Transmann hingegen kommt mit einem biologisch weiblichen Körper zur Welt, besitzt aber eine männliche Geschlechtsidentität.

Transgender
Sammelbegriff für alle, die sich in irgendeiner Form mit dem bei Geburt zugewiesenen Geschlecht nicht identifizieren. Der aus dem Englischen stammende Begriff »gender« wird im Deutschen mit »soziales und mentales Geschlecht« umschrieben.

Transgender Network Switzerland (TGNS)
Die Schweizer Organisation von und für Transmenschen und deren Freunde (www.transgender-network.ch).

Transidentität, Transsexualität
Trans, transident, transsexuell – die Begriffe umfassen die Tatsache, dass ein Mensch sich nicht dem Geschlecht zugehörig fühlt, das ihm bei Geburt zugeordnet wurde, wobei der Begriff Transsexualität vermieden wird, weil Transsein nicht in erster Linie mit Sexualität zu tun hat. Transmenschen kommen mit einem eindeutig männlichen oder eindeutig weiblichen Körper zur Welt, sie identifizieren sich aber mit dem anderen Geschlecht. Die Gründe dafür sind weitgehend unbekannt. Trans hat nichts mit einer bestimmten sexuellen Orientierung zu tun; ein Transmensch kann heterosexuell, lesbisch, schwul oder bisexuell sein.

Transition
Grundsätzlich steht der Begriff für »Übergang«; im Zusammenhang mit dem Thema Trans bedeutet er den körperlich sichtbaren Wandel von Mann zu Frau beziehungsweise von Frau zu Mann.

Transvestit
Person, die sich zeitweise entsprechend der Rolle kleidet, die nicht ihrem Geburtsgeschlecht entspricht, sich mit ihrem biologischen Geschlecht aber identifiziert.

Dank

Mein Leben heute wäre nicht dasselbe, und dieses Buch würde es nicht geben ohne die Hilfe und Unterstützung von ganz vielen Menschen.

Meine Danksagung gilt allen Transmenschen, die mich auf meinem Transitionsweg begleitet und unterstützt haben, mir Mut zusprachen und zeigen konnten, dass es viele Möglichkeiten gibt, seine Identität zu finden und zu leben. So habe ich viele starke und bewundernswerte Menschen kennen gelernt: Alecs, Alex, Alo, Andrea, Billie, Claudia, Cody, Colt, Diana, Donald, Dorian, Erik, Finn, Francesca, Georges, Gert-Christian, Gian, Hannes, Henry, Illy, Jamison, Jan, Jeffery, Julian, Kai, Karsten, Kathrin, Keanu, Lars, Liam, Livi_o, Maria, Nadia, Niels, Raffael, Raphael, Richard, Santiago, Seth, Shawn, Sue, Yv und viele mehr.

Weiter möchte ich Ursula Eichenberger danken, dass sie all meine Tagebuchtexte gesichtet und wichtige Menschen aus meinem Leben persönlich besucht und interviewt hat. Schließlich schaffte sie es, daraus das nun vorliegende Buch zu machen, das Resultat einer intensiven, aber auch wunderbaren Zusammenarbeit.

Der Dank gilt auch all jenen, die sich bereit erklärt haben, aktiv an diesem Buch in Form von Interviews mitzumachen, auf deren namentliche Auflistung ich aus Anonymitätsgründen bewusst verzichte.

Ein großes Dankeschön geht an die Verlegerin Gaby Baumann-von Arx vom Wörterseh Verlag. Sie hatte die zündende Idee, ich solle doch über meine Transition ein Buch schreiben. Dafür hat sie mir zwischen diesen beiden Buchdeckeln großzügig Raum zur Verfügung gestellt.

Und ganz herzlich danke ich meinen Eltern, Geschwistern und Verwandten, dass sie in der schwierigen Lebensphase meiner Transition zu hundert Prozent zu mir gestanden sind und bereit waren, mich als ihren neuen Sohn, Bruder, Onkel und Cousin vollständig ins Familienleben zu integrieren. Genauso möchte ich all meinen Freunden und Freundinnen danken, die mich in dieser Zeit nicht alleingelassen haben.

Meinem Mann danke ich für seine Geduld und Nachsicht, mich bis spätabends am Buch arbeiten zu lassen und zwischendurch mit wunderbaren Häppchen aus der Küche kalorientechnisch zu versorgen.